# 野菜ひとつの だけ・つまみ

栗原心平流

のんべえの
免罪符

つまみ

# 「いつもの
つまみは
意外と野菜」

一日の終わりに、「今日もお疲れさま」という気持ちでお酒を飲みながらくつろぐ時間が欠かせない。

そんな日々の晩酌のお供は、意外と野菜が主役のつまみが多いような気がする。

その持ち味を上手に生かせば、「野菜ひとつ」で充分おいしいつまみができるし、のんべえにとっては「野菜を食べている」ことが心の免罪符になっているかも（笑）。

栗原心平流
野菜ひとつのだけつまみ。
気楽に作って、
今日も楽しくカンパ～イだね。

5

心平流・居酒屋人気つまみ
BEST3 8

目次

**その1**
**切らずにそのまま**
**「まるごと」おいしく。** 16

**まるごと特別編**

**その2**
**ささっと、パパッと**
**「とりあえず」これで。** 38

■この本の表記について
・本文中で使用しているフライパンは、特に表示がない場合、直径26cmのものです。
・本文中で表示した大さじ1は15㎖、小さじ1は5㎖、1カップは200㎖です。1ccは1㎖です。
・電子レンジの加熱時間は600Wのものを基準にしています。500Wの場合は1.2倍を、700Wの場合は0.8倍を目安に加熱してください。なお、機種によって多少異なる場合があります。
・オーブントースターの加熱時間は、1000Wのものを基準にしていますが、機種によって多少異なる場合があります。
・材料表に出てくるだし汁は、特に表示がない場合、昆布と削り節でとったものを使用しています。市販の和風だしの素を使う場合は、袋の表示どおりに湯で溶いて使います。

心平流・居酒屋人気つまみ BEST3

フライドポテトに枝豆、オニオンスライスといえば、居酒屋でも不動の人気を誇る「3大つまみ」だよね。

一見どこも同じようなんだけども、店によってオリジナルの味があるのがおもしろいところ。ということで、「だけつまみ」の巻頭を飾るのは心平流のひと工夫でおいしくなる、人気つまみ3種。

## フライドポテト

春限定のスペシャルメニュー。新じゃがを皮つきのまま揚げて、青のりたっぷりの〈のりしお〉をからめて仕上げる。揚げる前にレンチンしておくと火の通りが早いし、揚げ時間が短いぶん、みずみずしさが残る!

## 枝豆

塩ゆでした枝豆とは一線を画す洋風の味わい。枝豆のおいしい盛りはなにしろ暑いから、湯を沸かさずに気楽にできるのが最高。さやにまとわりついたガーリックバターをチューチュー吸う気持ちで食べて(笑)。

## オニオンスライス

新玉ねぎの季節には必ず作る定番。フライドオニオン&フレッシュオニオンを組み合わせて仕上げるのが心平流。油で揚げた玉ねぎの甘みと香ばしさ、生の玉ねぎのシャキシャキ食感の両方を楽しめる欲張りサラダだね。

# フライド新じゃが のりしお味

フライドポテト

皮つきの新じゃがを
カリッと揚げて。
風味満点の特製のりしおを
たっぷりまぶせば
でき上がり!

フライドポテトといったら、
やっぱりビールでしょ?
おうちでビアホール気分を
満喫するには
もってこいのおつまみだよね。

飲むなら
このお酒!

**材料【3～4人分】**

新じゃがいも … 500g
のりしお
　青のり … 小さじ2
　洋風スープの素(顆粒)
　　… 小さじ½
　塩 … 小さじ⅓
小麦粉　片栗粉　揚げ油

## 1 下ごしらえをする

新じゃがはよく洗い、皮つきのまま半分に切る。大きければ4cm大を目安にさらに半分に切る。耐熱のボールに新じゃがを入れ、ふんわりとラップをして電子レンジで5分加熱する。ラップをはずし、ペーパータオルでボールの水けを拭き取り、小麦粉、片栗粉各大さじ1を加えて全体にまぶす。

## 2 揚げる

揚げ油を低めの中温※に熱し、**1**を入れる。3〜4分揚げ、全体がカリッとしたら取り出して油をきる。

※170℃。乾いた菜箸の先を鍋底に当てると、細かい泡がシュワシュワッとまっすぐ出る程度。

## 3 のりしおをまぶす

小さめのボールにのりしおの材料を混ぜ合わせる。**2**を熱いうちに別のボールに入れ、のりしおを加えてまぶす。全体にしっかりとからんだら器に盛る。

（¼量で100kcal、塩分0.7g）

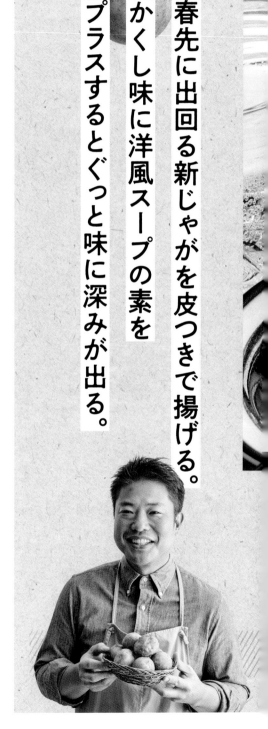

# SHIMPEI'S POINT

春先に出回る新じゃがを皮つきで揚げる。

かくし味に洋風スープの素をプラスするとぐっと味に深みが出る。

# ガーリックバター
## 焼き枝豆

ゆでずに
フライパンでじっくり
蒸し焼きにした枝豆に、
ガーリックバターの風味を
なじませて！

飲むなら
このお酒！

枝豆にガーリックバター
とくれば、文句なしで、
**絶対ビールでしょ？**（笑）
枝豆、ビール、枝豆、ビール……
エンドレスです。

### 材料（作りやすい分量）

枝豆 … 180g
にんにくの薄切り … ½かけ分
赤唐辛子の小口切り … 小さじ½
バター　塩

### 枝豆を蒸し焼きにする

枝豆をフライパン全体に広げ、ふたをして弱めの中火にかけ、そのまま8分ほど蒸し焼きにする。

### さらに蒸し焼きにする

枝豆の上下を返し、再びふたをしてさらに5分ほど蒸し焼きにする。

### ガーリックバターをからめる

ふたを取り、枝豆をフライパンの奥に寄せる。手前のあいたところにバター10g、にんにく、赤唐辛子を加える。バターを溶かしながらにんにくを炒め、にんにくの香りが立ってきたらバターとにんにくを全体にからめるようにして混ぜ合わせる。器に盛り、塩小さじ¼をふる。

（¼量で47kcal、塩分0.3g）

# SHIMPEI'S POINT

シンプルな塩ゆでももちろん最高だけど、フライパンで蒸し焼きにすると、仕上がりが水っぽくならないのが気に入ってる。

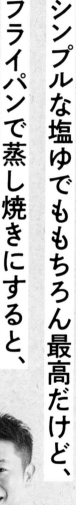

# サクシャキ新玉の サラダ

人気
No.3

オニオンスライス

香ばしく揚げた新玉ねぎと
フレッシュな生玉ねぎを
合わせたサラダ。
サクサク、シャキシャキの
食感の違いを味わって。

飲むなら
このお酒！

フライドポテト、
枝豆に続いて
もちろんビールでもいいんだけど、
揚げた玉ねぎの
うまみを引き立てる
ハイボールがイチ推し。

### 材料【2〜3人分】

新玉ねぎ … 1個（約300g）
削り節 … 大1パック（約4.5g）
ポン酢しょうゆ … 適宜
片栗粉　サラダ油

## 1

### 下ごしらえをする

新玉ねぎは縦半分に切り、繊維にそって極薄切りにする。1/6量をボールに入れ、片栗粉大さじ1½をまぶす。残りは氷水にさらす。

## 2

### 玉ねぎを揚げる

直径18cmのフライパンにサラダ油¼カップを弱めの中火で熱し、片栗粉をまぶした玉ねぎを広げ入れる。カリッとするまで両面を3分ずつ揚げ焼きにし、油をきって、粗熱を取る。

## 3

### 生玉ねぎとあえる

氷水にさらした玉ねぎは、水けをしっかりときり、別のボールに入れる。**2**を手でほぐしながら加え、削り節を加えてさっくりと混ぜる。器に盛り、ポン酢しょうゆをかける。
（⅓量で96kcal、塩分0.6g）

## SHIMPEI'S POINT

新玉ねぎを揚げるとぐっと甘みが増して、ものすごくおいしい！片栗粉をまぶして揚げることで、味もなじみやすくなる。

その1

切らずに
そのまま
「まるごと」
おいしく。

野菜を切らずに
そのまんま使うのが、意外と好き。
下ごしらえの手間がかからず
ラクチンだっていうことだけ
じゃなく（それもあるけど・笑）、
旬の野菜のおいしさを
生かそうと思った結果、
そのまんま「まるごと」
料理することになったものが多い。
インパクトのある見た目が
また、いいんだよね～！

## 野菜の鮮度が命！

たとえばピーマン。
まるごと焼いたり、煮たりするときは
へたも種も取らない。
たとえばラディッシュ。
葉がついたまんま揚げたり、
ふだんは食べないところを食べるからこそ、
ピーマンはへたが黒ずんでいないもの、
ラディッシュは葉に張りがあって、
黄色くなっていないもの、
つまり鮮度のいいものを選ぶことが大事。

## 根元や石づきは切る！

たとえばアスパラ。新鮮なものでも根元は堅い。
たとえば生しいたけ。
石づきは堅いし、汚れがついていることもある。
そのままにしておくと食感や見た目が
悪くなるから、アスパラは根元を少し切って
皮をむいたり、しいたけは石づきを切ったり、
きちんと下ごしらえする。
必要な手間は惜しまず、手をかけてあげると、
「まるごと」つまみはおいしくなるよ。

# ピーマンまるごと焼き

**材料（2人分）**

- ピーマン … 4個
- 削り節 … たっぷり
- めんつゆ（3倍濃縮）… 大さじ1
- ごま油

くたっとしたピーマンの
口当たりのよさに
驚くこと間違いなし。
甘み際立つピーマンに
うまみのある削り節を
たっぷりからめてどうぞ。

**飲むなら
このお酒！**

こくのある
まるごと焼きには、
濃いめのレモンサワーを
合わせるのが気分。
後味がすっきりして、
箸がすすむよ〜。

18

## ピーマンを
## 火にかける

フライパンにピーマンを並べ入れ、ごま油大さじ1を回しかける。ふたをして、弱めの中火で熱する。

## じっくり
## 蒸し焼きにする

ジュージューと音がしはじめてから、さらに3分ほど蒸し焼きにする。ピーマンをころがして焼きつける面を変え、ふたをして1分30秒ほど蒸し焼きにする。焼きつける面を変え、同様に1分30秒ほど蒸し焼きにする。

## めんつゆを
## かけて仕上げる

全面に焼き色がついたら器に盛り、めんつゆをかけて、削り節をのせる。　（1人分80kcal、塩分0.8g）

# SHIMPEI'S POINT

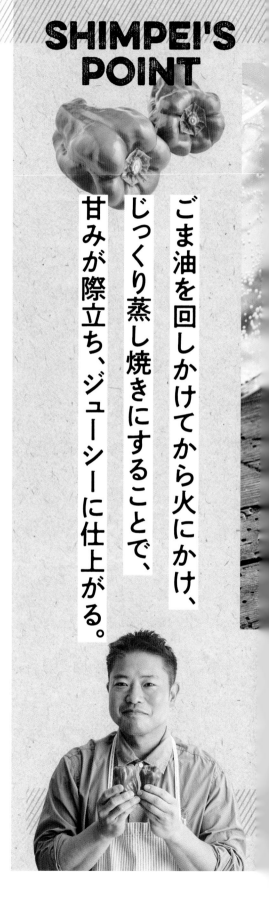

ごま油を回しかけてから火にかけ、じっくり蒸し焼きにすることで、甘みが際立ち、ジューシーに仕上がる。

# ピーマンまるごと煮

まるごと焼き同様、ピーマンの旬の夏場は、何度も作るお気に入り。甘辛い煮汁をしっかりからめれば、味がビシッと決まるよ。

**飲むなら
このお酒！**

なんといっても甘辛味には、焼酎が合うんだよね〜。夏場に飲むならロックな気分。キリッと冷えた焼酎が最高に合う。

### 材料《作りやすい分量》

ピーマン … 5個
煮汁
　水 … ½カップ
　砂糖 … 大さじ½
　しょうゆ … 大さじ2
　酒、みりん … 各大さじ1

### 1

#### ピーマンを煮汁に加える

小鍋に煮汁の材料を入れて強めの中火にかけ、煮立ったらピーマンを重ならないように並べ入れる。

### 2

#### ピーマンを煮る

再び煮立ったら弱めの中火にし、8分ほど煮る。

### 3

#### ピーマンに味をからめる

煮汁がぶくぶくと泡立つくらいまで煮つまったら、ピーマンを菜箸でつぶし、煮汁を全体にからめながら器に盛る。

（½量で59kcal、塩分2.6g）

煮汁が煮つまったら、仕上げにピーマンを箸でつぶしてピーマンの内側にも味をからめる。

# 芽キャベツのフリット
# マスタードマヨソース

## 材料【作りやすい分量】

芽キャベツ … 1袋（約360g）

ころも

　　小麦粉 … 大さじ4

　　片栗粉 … 大さじ2

　　ベーキングパウダー … 小さじ½

　　サラダ油 … 小さじ1

　　水 … 70㎖

マスタードマヨソース

　　マヨネーズ … 大さじ2

　　フレンチマスタード、砂糖、レモン汁
　　　… 各小さじ1

揚げ油

ころころの芽キャベツにころもをつけて、フリットに。芽キャベツの甘さが引き立って、酸味のきいたマスタードマヨソースとよく合う！

飲むなら
このお酒！

ビールでもワインでも、なんにでもよく合うフリットだけど、個人的にはハイボールで口の中をすっきりさせつつ、つまむのが好き。

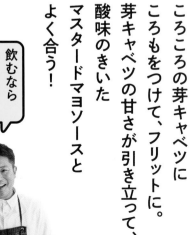

### 下ごしらえをする

ボールにころもの材料を入れ、なめらかになるまで泡立て器でよく混ぜ合わせる。芽キャベツをころもにくぐらせる。

### 揚げる

揚げ油を低めの中温※に熱し、**1**を入れる。3分揚げ、浮き上がってきたら取り出して油をきり、器に盛る。マスタードマヨソースの材料を混ぜ合わせて小さめの器に盛って添え、ソースをつけながらいただく。

（⅓量で305kcal、塩分0.3g）

※170℃。ころもを数滴落とすと、鍋底近くまで沈んで、すぐに浮いてくる程度。

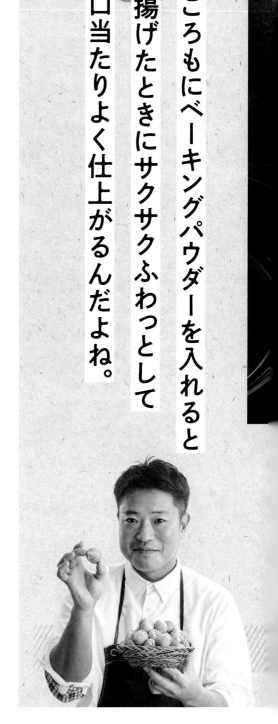

# 揚げそら豆

### 材料【作りやすい分量】

そら豆（さやつき）… 10〜12本
　　（約500g、またはさやから
　　出したもの約150g）
砂糖　塩　粗びき黒こしょう
揚げ油

揚げたてのそら豆には
やっぱりビールだよね〜。
揚げたてのあつあつと、
冷たいビールは最高としか
いいようがない組み合わせ。

飲むなら
このお酒！

皮がついたまま揚げた
ホクホクのそら豆に、
甘じょっぱい味を
からめるのがポイント。
ひとつ食べたら
止まらなくなる、絶対に！

24

## 1 そら豆を揚げはじめる

そら豆はさやから取り出し、皮に1本浅い切り目を入れる。揚げ油を高めの中温※に熱し、そら豆を入れる。

※180℃。乾いた菜箸の先を鍋底に当てると、細かい泡がシュワシュワッとまっすぐ出る程度。

## 2 そら豆を油から取り出す

ときどき混ぜながら、皮がはじけ、そら豆がかるく色づくまで3〜4分揚げて取り出し、油をきる。揚げている途中で油がはねるようなら、ふたをする。

## 3 調味料をからめる

そら豆を熱いうちにボールに入れ、砂糖、塩各小さじ⅓、粗びき黒こしょう適宜を加えて全体にからめる。味をみてたりなければ、塩少々をまぶす。

（¼量で76kcal、塩分0.5g）

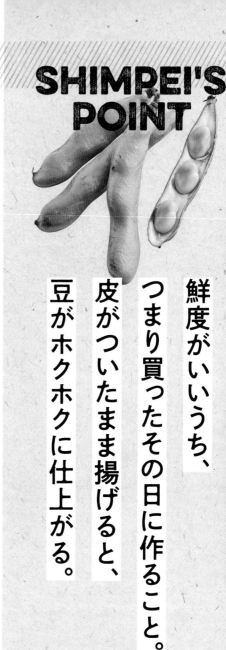

# SHIMPEI'S POINT

鮮度がいいうち、つまり買ったその日に作ること。皮がついたまま揚げると、豆がホクホクに仕上がる。

# 素揚げラディッシュ
# フレンチねぎソース

葉つきのまま
素揚げにしたラディッシュは
見た目のインパクト強め。
ねぎとチーズの香りが
食欲をそそるソースを
たっぷりのせて。

**飲むなら
このお酒！**

ラディッシュの甘みを
引き立てる
上品な味のお酒といえば、
**白ワイン。**
しっかり冷やしておくのが心平流。

**材料【1〜2人分】**

ラディッシュ … 5〜10個
フレンチねぎソース※
　万能ねぎ … 2本
　マヨネーズ … 大さじ1
　フレンチマスタード … 小さじ1½
　粉チーズ … 小さじ2
揚げ油

※ソースは10個分目安の作りやすい分量です。

## 1 フレンチねぎソースを作る

万能ねぎはみじん切りにし、さらに包丁でたたいて細かくする。ボールにねぎを入れ、残りのフレンチねぎソースの材料を加えてよく混ぜ合わせる。

## 2 ラディッシュを揚げる

ラディッシュは葉がついたままよく洗い、ペーパータオルで水けをしっかり拭き取る。揚げ油を低めの中温※に熱し、ラディッシュを入れて揚げる。

※170℃。乾いた菜箸の先を鍋底に当てると、細かい泡がシュワシュワッとまっすぐ出る程度。

## 3 揚げたラディッシュにソースをのせる

葉がカリカリになり、ラディッシュの色が濃くなったらそっと取り出し、油をきる。器に盛り、ラディッシュにソースをのせていただく。

（½量で104kcal、塩分0.3g）

# SHIMPEI'S POINT

ラディッシュは生で食べてもおいしい野菜だから、揚げすぎは禁物。気持ち早めに油から取り出すようにしよう。

# しいたけのまるごとソテー

**材料【2人分】**

生しいたけ（大）… 4個

にんにくの薄切り … 1かけ分

玉ねぎのみじん切り
　… 小¼個分（約30g）

A ┌ しょうゆ … 大さじ1
　│ みりん … 小さじ1
　└ 砂糖 … 小さじ½

ごま油

抜群に香りがいい
しいたけのソテー。
焼いている間に
がまんできなくなって、
ビールを飲みはじめること、
多々です（笑）。

飲むなら
このお酒！

フライパンで
じっくり焼いたしいたけは
とんでもなくジューシー。
あふれるうまみを
とことん堪能してほしいな～。

## しいたけを
## 焼きはじめる

しいたけは軸を切り落とす。フライパンにごま油大さじ2を中火で熱する。油が温まったらしいたけをかさの内側を上にして並べ入れ、スプーンで油をからめる。しいたけに油がかるく回ったら、ふたをして弱めの中火で2分焼く。

## にんにくを炒める

しいたけの水分が出てきたらフライパンの奥に寄せ、手前ににんにくを入れて炒める。にんにくがカリッときつね色になったら取り出す。Aを混ぜ合わせて加え、しいたけにさっとからめる。

## 盛りつける

しいたけをかさの内側を上にして器に盛り、玉ねぎ、**2**のにんにくチップをのせる。フライパンに残ったたれをかける。

（1人分144kcal、塩分1.3g）

# SHIMPEI'S POINT

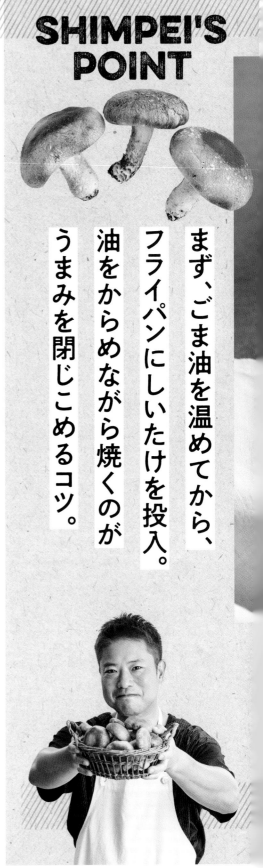

まず、ごま油を温めてから、フライパンにしいたけを投入。油をからめながら焼くのがうまみを閉じこめるコツ。

# アスパラのバターソテー オランデーズソース

太めのアスパラを
思い切ってまるごとソテー。
卵黄とチーズを合わせた
こくのあるソースも
とにかくおいしい大好物！

> 飲むなら
> このお酒！

ちょっとこじゃれた
ソースをかけて、
ナイフ＆フォークで食べる
しゃれた一品には、
キリッと冷えた
白ワインがぴったり。

## 材料（作りやすい分量）

- グリーンアスパラガス … 3本
- オランデーズソース
    - 卵黄 … 1個分
    - 酢 … 大さじ½
    - パルミジャーノ
      レッジャーノチーズ … 2g
    - 塩 … ひとつまみ
    - 粗びき黒こしょう … 適宜
- バター　塩　粗びき黒こしょう

## 1 アスパラをゆでる

アスパラは根元の堅い部分を切り、下から⅓くらいのところまでピーラーで薄く皮をむく。フライパンに湯を沸かし、アスパラを入れて中火で30秒ほどゆでる。アスパラを取り出し、フライパンの湯を捨てる。

## 2 アスパラを焼く

1のフライパンの水けを拭き、バター10gを入れて中火にかける。バターが溶けたらアスパラを並べ入れて弱めの中火にし、ときどきころがしながら全面を焼きつける。全体に焼き色がついたら、塩ひとつまみ、粗びき黒こしょう適宜をふって器に盛る。

## 3 オランデーズソースを作る

耐熱のボールに卵黄、酢を入れて混ぜ合わせる。ボールの底を湯（80〜90℃）につけて（湯せん）、耐熱のゴムべらで絶えず混ぜながら火を通す。少しとろみがついてきたらボールを湯からはずし、チーズをすりおろしながら加える。塩、粗びき黒こしょうを加えて混ぜ、アスパラにソースをかけて、粗びき黒こしょう少々を散らす。

（¼量で39kcal、塩分0.7g）

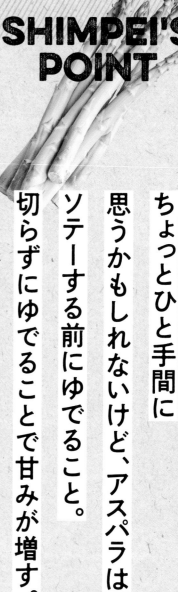

# SHIMPEI'S POINT

ちょっとひと手間に思うかもしれないけど、アスパラはソテーする前にゆでること。切らずにゆでることで甘みが増す。

# 重ね青じその天ぷら

## 材料（2人分）
青じその葉 … 20枚
天ぷら粉 … 50g
好みで塩　揚げ油

**1** ボールに水½カップ、天ぷら粉を入れ、混ぜ合わせる。揚げ油を高めの中温※に熱する。青じその葉5枚を重ね、軸の部分を持って、ころもにくぐらせ、油に入れる。

**2** 全体がカリッと揚がったら取り出して油をきる。残りの青じそも同様にして揚げ、器に盛る。好みで塩適宜をつけていただく。

（1人分199kcal、塩分0.2g）

※180℃。乾いた菜箸の先を鍋底に当てると、細かい泡がシュワシュワッとまっすぐ出る程度。

まるごと
青じその葉
食べどき／初夏〜夏

青じそを大胆にも5枚重ねて揚げるのがコツ。1枚で揚げるよりも「青じそ感」がしっかり残るし、サクサクッとかんだときに青じその香りがより際立つ！

# 新じゃがまるごとポトフー

## 材料（作りやすい分量）
新じゃがいも … 500g
ベーコン … 3枚（約60g）
にんにく … 1かけ
白ワイン … 大さじ1
洋風スープの素（顆粒） … 大さじ½
ローリエ … 1枚
塩

**1** 新じゃがいもは皮をむく。ベーコンは幅2cmに切る。にんにくは縦半分に切る。鍋に新じゃが、にんにくを入れ、水3カップ、白ワイン、スープの素、ローリエを加えて強めの中火にかける。

**2** 煮立ったら中火にして10分ほど煮る。ベーコン、塩小さじ½を加えてさらに5〜8分煮て、じゃがいもに竹串がすっと通るようになったら器に盛る。

（¼量で122kcal、塩分1.5g）

まるごと
新じゃがいも
食べどき／春先

まるごと煮ても味がしっかりなじむのは、みずみずしい新じゃがいもだからこそ。味出しにベーコンを使うとうまみがアップするよ。

32

# 揚げなすの香味じょうゆ

**材料(2人分)**

なす … 2個(約150g)
ねぎのみじん切り … 15g
しょうがのみじん切り … 1かけ分

すし酢 … 大さじ½
しょうゆ　みりん
砂糖　ラー油　揚げ油

**1** ボールにすし酢と、しょうゆ大さじ1½、みりん大さじ½、砂糖小さじ½、ラー油小さじ1を入れて混ぜ、たれを作る。

**2** なすはへたを切り、縦に3カ所、ピーラーで皮をむく。揚げ油を低めの中温※に熱してなすを入れ、ときどき返しながら4〜5分揚げる。なすを箸でつまんで柔らかくなったら揚げ網に取り出し、しっかりと油をきって器に盛る。ねぎ、しょうがを順にのせ、**1**のたれをかける。

（1人分117kcal、塩分1.1g）

まるごと
なす
食べどき／夏

## SHIMPEI'S POINT

なすは縦に皮をむいておくと火の通りがよくなるだけでなく、味もよくなじむ。見た目もいいしね。一石三鳥だよ(笑)。

※170℃。乾いた菜箸の先を鍋底に当てると、細かい泡がシュワシュワッとまっすぐ出る程度。

---

# 肉巻きラディッシュの玉ねぎだれ

**材料(作りやすい分量)**

ラディッシュ … 5個
豚ロース薄切り肉(しゃぶしゃぶ用) … 5枚(約60g)
玉ねぎのみじん切り … 30g

すし酢 … 大さじ½
塩　粗びき黒こしょう
しょうゆ　ごま油

**1** 豚肉は1枚ずつ広げ、全体に塩、粗びき黒こしょう各少々をふる。ラディッシュの身に豚肉を1枚ずつ巻きつけ、手でかるく握る。玉ねぎのみじん切りとすし酢、しょうゆ大さじ½を混ぜ、たれを作る。

**2** フライパンにごま油小さじ1を弱めの中火で熱し、**1**のラディッシュを並べ入れてときどきころがしながら焼きつける。肉の表面全体に焼き色がついたら取り出して器に盛り、玉ねぎだれをかける。

（½量で108kcal、塩分0.7g）

まるごと
ラディッシュ
食べどき／春と秋

## SHIMPEI'S POINT

ラディッシュに肉を巻きつけるときは、なるべく厚みが均一になるようにすると、むらなく火が通る。

# エスニック風焼きなす

**材料【2〜3人分】**
なす … 2〜3個（約250g）
ナンプラー … 大さじ½
削り節 … 適宜
オリーブオイル

ビールといっしょに
真夏の晩酌のお供にどうぞ。
軽い飲み口のビールが
気に入ってる。

飲むなら
このお酒！

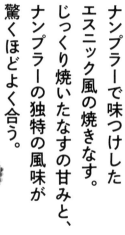

ナンプラーで味つけした
エスニック風の焼きなす。
じっくり焼いたなすの甘みと、
ナンプラーの独特の風味が
驚くほどよく合う。

34

### 1 なすを焼く

なすはへたのまわりにぐるりと一周切り目を入れ、がくを取る。魚焼きグリルの網になすをのせて中火で熱し、ときどき返しながらなすの全面が真っ黒になるまで焼く。

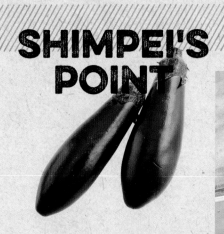

なすをまるごと焼いたら、皮をむくのは定番の焼きなすといっしょ。そのあとたたくことでとろとろなめらかな食感に仕上げる。

### 2 なすの皮をむいて冷やす

なすを取り出し、そのままおいて粗熱を取る。手でさわれるくらいになったら皮をむき、バットなどに並べてラップをし、冷蔵庫でしっかりと冷やす。

### 3 なすに味をからめる

なすを取り出し、へたを取って粗くたたき、ボールに入れる。ナンプラーとオリーブオイル大さじ½を加えて混ぜ合わせ、器に盛って削り節を散らす。

（⅓量で34kcal、塩分0.7g）

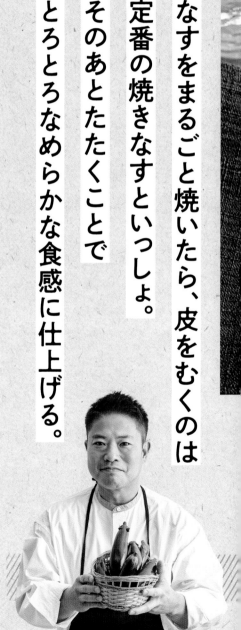

栗原家の定番・肉おかず

その①
# 揚げ鶏のねぎソース

子どものころ、よく母にリクエストしていたお気に入り。
ねぎソースが好きすぎて自分でも作って、
ゆでたソーセージにかけて食べてたなぁ。
調味料の配合を自分好みに少しずつ改良。
ねぎたっぷりのソースが香ばしいころもに
ジュワッとしみて、うまい!

### 材料(3〜4人分)
鶏もも肉(大) … 1枚(300〜350g)
下味
│ しょうゆ、酒 … 各大さじ1
ねぎソース
│ ねぎのみじん切り … 1本分(約100g)
│ しょうゆ、酢 … 各大さじ1
│ 砂糖、ごま油 … 各小さじ1
片栗粉　揚げ油

※170℃。乾いた菜箸の先を鍋底に当てると、細かい泡がシュワシュワッとまっすぐ出る程度。

**1** 鶏肉に下味をつける
鶏肉は余分な脂肪を取り除き、身側に1〜2cm間隔で切り込みを入れる。バットに下味の材料を入れて混ぜ、鶏肉を加えてなじませる。鶏肉にラップをはりつけて、30分ほどおく。

**2** 鶏肉を揚げる
鶏肉に片栗粉大さじ5をまぶす。揚げ油を低めの中温※に熱し、鶏肉を皮目を下にして入れ、3〜4分揚げる。鶏肉を裏返し、さらに3分ほど揚げる。取り出して油をきり、揚げ網などに2分ほど置き、余熱で火を通す。

**3** ねぎソースを作って仕上げる
揚げ油の温度を少し上げ、**2**の鶏肉を入れて、さらに1分ほど揚げる。取り出して油をきり、食べやすい大きさに切って器に盛る。ねぎソースの材料を混ぜ、かける。

(¼量で213kcal、塩分1.5g)

## その② 豚の自家製六味焼き

焼いた豚肉に、青のりや山椒などをブレンドした自家製調味料を合わせるだけ！まろやかなマヨネーズを添えて。

### 材料〔2人分〕

豚肩ロース肉（しょうが焼き用）… 200g

下味
- 塩 … 小さじ½
- 粗びき黒こしょう … 適宜

六味唐辛子
- にんにくのみじん切り … 1かけ分
- しょうがのみじん切り … 1かけ分
- 青のり、白すりごま … 各小さじ1
- 一味唐辛子、粉山椒 … 各小さじ½

キャベツの葉のせん切り … 適宜

ごま油　マヨネーズ

**1** 材料の下ごしらえをする

豚肉は下味の材料をまぶす。にんにくとしょうが以外の六味唐辛子の材料を混ぜる。

**2** フライパンで炒め、仕上げる

フライパンにごま油小さじ1を強めの中火で熱し、豚肉を広げ入れて両面を焼く。色が変わったら、にんにく、しょうがを加えて炒め、香りが立ったら残りの六味唐辛子を加えて炒め合わせる。器に盛り、キャベツとマヨネーズ適宜を添える。

（1人分342kcal、塩分1.8g）

その2

ささっと、パパッと「とりあえずこれで。」

心平流「だけつまみ」の大半は
作り方も味つけも
シンプルなものが多いけど、
とにかく早く飲みたいってときに
よく作るあれやこれやを
「とりあえず」と
呼ぶことにしよう（笑）。
火を入れずに作るサラダ、
さっとゆでて仕上げるあえもの、
さらにはパパッと作る
炒めものなど、
覚えておくと重宝するよ。

## 野菜の香りや風味が調味料!

味つけをシンプルにするコツ、
それは野菜そのものの持ち味を生かすこと。
たとえば酸味や甘み、
なんならうまみもあるトマト、
独特の香りがあるにらは、
野菜の持ってる味を生かす工夫をすると、
複雑な味つけをしなくても
おいしく仕上がる。

## 野菜の意外な食べ方を楽しむ!

ふだんは火を入れて
食べることが多い野菜を
生で食べると新鮮な
おいしさがあって楽しいよ。
たとえばカリフラワー。
薄くスライスして
サラダにするのが栗原家の定番。
たとえば春菊、
鍋ものに使うイメージが強いと思うけど、
柔らかい葉はサラダにしても絶品。
おいしいよ〜。

# バタピーコールスロー

おつまみの定番、
バターピーナッツを
味と食感のアクセントに。
しょうゆの香りが
食欲をそそる和風味だよ。

飲むなら
このお酒！

そもそもバタピーによく合う
**レモンサワー**がおすすめ。
あっという間に
飲み干しちゃうかもだよ。

### 材料（作りやすい分量）

キャベツの葉 … 3枚（約150g）
バターピーナッツ … 20g
A しょうゆ、レモン汁 … 各大さじ½
サラダ油 … 大さじ1
粗びき黒こしょう … 適宜
塩

**40**

**1**

### キャベツを切り、
### ナッツを砕く

キャベツはせん切りにしてボール
に入れ、塩小さじ⅓をまぶして10
分ほどおく。ピーナッツを厚手の
ポリ袋に入れてまな板にのせ、め
ん棒などでたたいて粗く砕く。

**2**

### キャベツとナッツを
### あえる

**1**のキャベツの水けをしっかりと
絞ってボールに入れる。さらに
ピーナッツとAを加えて混ぜ合
わせ、器に盛る。

（¼量で68kcal、塩分0.6g）

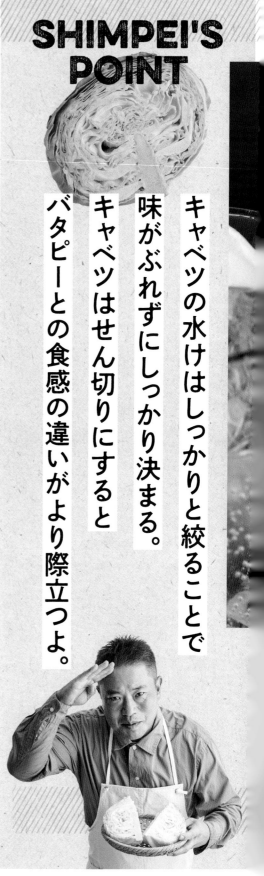

# SHIMPEI'S POINT

バタピーとの食感の違いがより際立つよ。

キャベツはせん切りにすると

味がぶれずにしっかり決まる。

キャベツの水けはしっかりと絞ることで

# トマトのトマトあえ

## 材料（2人分）

トマト … 2個（約250g）

A
- パセリのみじん切り … 4g
- オリーブオイル … 大さじ1
- レモン汁 … 小さじ2
- 塩 … 小さじ¼
- 粗びき黒こしょう … 適宜

パセリのみじん切り … 適宜

**飲むなら
このお酒！**

旬のトマトは甘いから、
ちょっと辛口の白ワイン
なんかがいいね～。
ちなみにトマトあえは、
バゲットにのっけてもおいしいよ。

トマトをトマトであえる、
洋風の「共あえ」サラダ。
パセリの香りが
アクセントになって
さわやかだよ。

## 1

### トマトの下準備をする

トマトはへたを切り、1½個は1.5〜2cm角に切る。残りは粗く刻み、ソース状になるまで包丁でたたく。

## 2

### トマトにトマトをからめる

ボールに**1**を入れ、Aを加えてしっかりと混ぜ合わせる。器に盛り、パセリを散らす。

（1人分82kcal、塩分0.8g）

# SHIMPEI'S POINT

かるくたたいたトマトに塩を加えて味をひきしめ、ソースに。レモン汁をプラスするとトマトの甘みも引き立つよ。

# 春菊のサラダ
# 花椒ソース

フレッシュな春菊のサラダに、
さわやかな辛みのある
花椒のたれをかけて。
すりごまやごま油で
風味をプラスしてみた。

飲むなら
このお酒！

春菊のほのかな苦みが
**日本酒とよく合う。**
冷酒をくいっと飲みながら、
パンチのきいた
サラダをつまむのがいい！

**材料《作りやすい分量》**

春菊 … 1わ
白すりごま … 適宜
たれ
　しょうゆ … ¼カップ
　みりん … 大さじ2
　砂糖 … 大さじ1
　花椒（ホワジャオ）… 小さじ½
　すし酢、ごま油 … 各大さじ½

**1**

## 春菊をシャキッと
## させる

春菊は葉を摘んで氷水にさらす。シャキッとしたらざるに上げて、水けをしっかりときる。

**2**

## たれを作り、仕上げる

花椒はすり鉢でする。小鍋にしょうゆ、みりん、砂糖を入れて中火にかける。沸騰したら1分ほど煮て、花椒を加えて火を止める。そのままさまし、すし酢、ごま油を加えてよく混ぜる。春菊を器に盛ってすりごまをふる。たれをかけ、全体を混ぜ合わせる。

（¼量で69kcal、塩分2.3g）

### 花椒のこと
（ホワジャオ）

中国が原産の山椒の一種。実が熟すと皮がはじけて花のように見えることから、その名がついたといわれている。かんきつ系のさわやかな香りと、舌がピリピリとしびれるような刺激的な辛みがあり、麻婆豆腐などの四川料理に欠かせないスパイス。

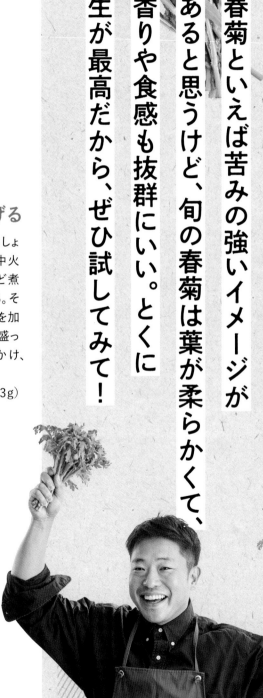

# SHIMPEI'S POINT

春菊といえば苦みの強いイメージがあると思うけど、旬の春菊は葉が柔らかくて、香りや食感も抜群にいい。とくに生が最高だから、ぜひ試してみて！

# 赤パプカレーコールスロー

**材料（2人分）**

赤パプリカ … 1個
ハム … 4枚
すし酢 … 大さじ½
フレンチマスタード … 小さじ1
カレー粉 … 小さじ½
塩　マヨネーズ　粗びき黒こしょう

**1** パプリカは縦半分に切ってへたと種を取り、5mm角に切る。塩小さじ½をまぶして10分ほどおく。ハムは5mm四方に切る。

**2** パプリカの水けをぎゅっと絞ってボールに入れ、ハム、すし酢、マスタード、カレー粉と、マヨネーズ大さじ½を加えて混ぜる。器に盛って粗びき黒こしょう少々をふる。
（1人分114kcal、塩分2.2g）

とりあえず
## パプリカ
食べどき／夏

まだまだあります とりあえず

## SHIMPEI'S POINT

肉厚で甘みのある旬のパプリカを生で味わう簡単サラダ。カレー粉をほんの少し入れると味がしまるね。

---

# カリフラワーとハムのサラダ

**材料（2〜3人分）**

カリフラワー … 100g
ハム … 2枚
ディル … 3本
レモン汁 … 小さじ2
砂糖　塩　オリーブオイル　粗びき黒こしょう

**1** カリフラワーは小房に分け、縦に薄切りにする。ハムは半分に切り、さらに幅5mmに切る。ディルは堅い茎を除き、ざく切りにする。

**2** ボールにレモン汁と、砂糖小さじ½、塩小さじ¼、オリーブオイル小さじ2、粗びき黒こしょう適宜を入れて混ぜ合わせる。カリフラワー、ハムを加えて混ぜ合わせ、全体に味がなじんだら、ディルを加えてさっと混ぜる。（⅓量で51kcal、塩分0.7g）

とりあえず
## カリフラワー
食べどき／冬

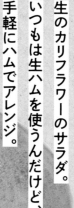

## SHIMPEI'S POINT

栗原家の定番、生のカリフラワーのサラダ。いつもは生ハムを使うんだけど、手軽にハムでアレンジ。

# にらのごまあえ

**材料（2人分）**
にら … 1束
めんつゆ（3倍濃縮）… 大さじ½
白すりごま … 大さじ1½
塩　砂糖

**1** にらは塩ひとつまみを加えた熱湯でさっとゆで、水にさらして水けを絞る。

**2** にらを長さ3cmに切ってボールに入れ、めんつゆ、白すりごま、砂糖小さじ1½を加えて混ぜ合わせる。
（1人分60kcal、塩分0.5g）

とりあえず
**にら**
食べどき／春〜初夏

## SHIMPEI'S POINT

にらは生でも食べられるので、湯にくぐらせる感覚でさっとゆでればOK。火の通しすぎは禁物だよ。

---

# ほうれん草ののりあえ

**材料（3〜4人分）**
ほうれん草 … 1わ（約200g）　　白すりごま … 小さじ1
焼きのり（8つ切り）… 5枚　　　塩　ごま油
めんつゆ（3倍濃縮）、
　すし酢 … 各大さじ½

**1** 鍋にたっぷりの湯を沸かし、塩ひとつまみを加える。ほうれん草の葉の部分を持ち、茎の根元を湯につける。そのまま10秒おいてから全体を湯につけて10秒ほどゆで、すぐに冷水にとり、完全にさめたら水けを絞り、根を切り落として長さ3cmに切る。

**2** ボールに**1**のほうれん草を入れ、のりをちぎりながら加える。めんつゆ、すし酢と、ごま油大さじ½、白すりごまを加えて全体をよく混ぜ合わせる。（¼量で34kcal、塩分0.4g）

とりあえず
**ほうれん草**
食べどき／秋〜冬

## SHIMPEI'S POINT

根元を湯につけてひと呼吸おいてから、全体を湯に沈める。ほうれん草を上手にゆでるための約束事だね。

# オクラの
# おつまみスプーン

オクラは個人的に好きな
野菜ランキングで堂々の1位。
旬のオクラの風味や食感を
ひと口で味わえるよう、
スプーンに盛ってみたよ。

**飲むなら
このお酒！**

濃厚な卵黄だれが
しょうゆベースなんで、
冷酒と合わせるとバランスがいい。
しみじみおいしい組み合わせだね。

**材料【2〜3人分】**
オクラ … 5本
玉ねぎのみじん切り
　… 大さじ1（約5g）
卵黄だれ（混ぜておく）
　卵黄 … 1個分
　しょうゆ、みりん … 各小さじ1
塩

## さっとゆでて冷やす

オクラはへたの先を切って、がくのまわりの堅い部分を薄く削る。小鍋に湯を沸かし、塩少々を入れてオクラを30秒ほどゆで、氷水にとってよく冷やす。ペーパータオルで水けを拭く。

## 切って盛りつける

1をみじん切りにして大きめのスプーン6本に等分にのせる。玉ねぎをのせ、卵黄だれをかける。

（⅓量で35kcal、塩分0.3g）

# SHIMPEI'S POINT

さっとゆで→しっかり冷やし
↓ザクザク刻みの3ステップで、
オクラならではのネバネバ＆
シャキシャキを同時に楽しめるよ。

# パプリカのマリネ

パプリカの甘みと
白ワインビネガーの
ほどよい酸味が合うんだよね。
ピーナッツで食感に
アクセントをつける。

飲むなら
このお酒！

マリネはできたてもおいしいし、
冷やしてもおいしい。
どっちにも合うのが白ワイン。
後味がすっきりとするよ。

## 材料【2人分】
- 赤パプリカ … 1個（約150g）
- マリネ液
  - 白ワインビネガー … 大さじ⅔
  - ピーナッツ（有塩）
    … 4〜5粒（大さじ½）
  - オリーブオイル … 大さじ½
- ピーナッツ（有塩・トッピング用）
  … 適宜
- オリーブオイル　塩　粗びき黒こしょう

## 下ごしらえをする

パプリカはピーラーで皮をむく（むきにくい溝の部分は切ってからむく）。縦半分に切り、へたと種を取って、縦に幅5mmに切り、ペーパータオルで水けを拭く。ピーナッツは厚手のポリ袋に入れ、すりこ木などでたたいて砕き、マリネ液とトッピング用に分けておく。

## 材料をあえる

フライパンにオリーブオイル大さじ1を強火で熱し、**1**のパプリカを3分ほど炒める。しんなりしたら塩小さじ⅓、粗びき黒こしょう適宜をふってボールに取り出す。粗熱が取れたら、マリネ液の材料を加えて混ぜ合わせる。器に盛り、トッピング用のピーナッツをふる。

（1人分135kcal、塩分1.0g）

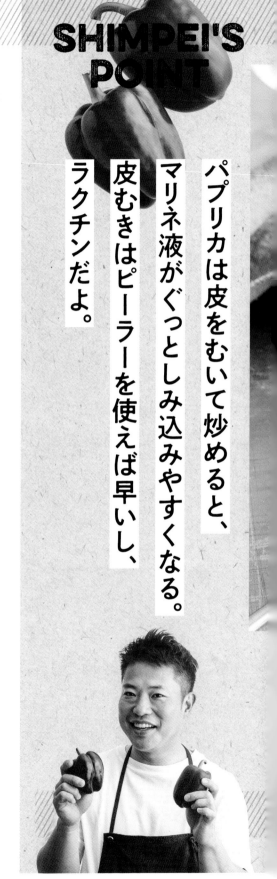

**SHIMPEI'S POINT**

パプリカは皮をむいて炒めると、マリネ液がぐっとしみ込みやすくなる。皮むきはピーラーを使えば早いし、ラクチンだよ。

# ねぎのだしマリネ

## 材料（作りやすい分量）

ねぎの白い部分 … 3本分
マリネ液
  だし汁 … ⅔カップ
  酢、砂糖 … 各大さじ2
  しょうゆ … 大さじ1
  みりん … 大さじ½
  塩 … 小さじ½
削り節 … 適宜
サラダ油

和風のだしマリネだから、
もちろん日本酒にもよく合うけど、
「とりあえず」**レモンサワー**で
のどをうるおすってのが定番。

飲むなら
このお酒！

香ばしく焼きつけて
甘みを引き出した焼きねぎを、
だしベースのマリネ液に漬ける。
かつおだしの風味が
やさしい一品だよ〜。

## ねぎを焼く

ねぎは長さ5cmに切る。マリネ液の材料は混ぜ合わせておく。フライパンにサラダ油小さじ1を中火で熱し、ねぎを入れる。全体に焼き目をつけるようにころがしながら焼く（中心は半生でOK）。

## マリネ液に漬ける

密閉容器に1のねぎを並べ入れ、マリネ液を注ぐ。冷蔵庫で3時間〜一晩漬け、器に盛って削り節をのせる。清潔な密閉容器に入れて冷蔵で3〜4日保存可能。
（¼量で48kcal、塩分0.9g）

焼きねぎでもう一品！

## 焼きねぎのねぎソースがけ

**材料（2人分）と作り方**

1 ねぎの白い部分1本分は根元側から長さ5cmを4切れ、残りをみじん切りにする。

2 フライパンにサラダ油小さじ1を弱めの中火で熱し、5cmに切ったねぎを全体に焼き目がつくまで2分ほど焼き、器に盛る。ねぎのみじん切りとしょうゆ、酢各小さじ2、砂糖小さじ1、ごま油小さじ½を混ぜ、焼きねぎにかける。（1人分52kcal、塩分0.9g）

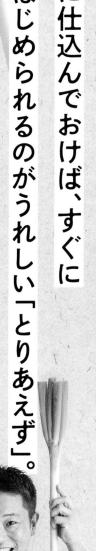

# SHIMPEI'S POINT

前日に仕込んでおけば、すぐに飲みはじめられるのがうれしい「とりあえず」。だし汁と削り節、ダブルのうまみをきかせるのがコツ。

# ゴーヤーのおかかみそ

ゴーヤーを油でじっくり炒めて仕上げるあえもの。みそのこくと削り節の風味があとを引くよ。

大人味の小鉢には**焼酎ロック**が合うんだよね〜。漬けもの感覚でつまみながら、ちびちびやるのにもってこい。

飲むなら
このお酒！

### 材料（作りやすい分量）

ゴーヤー（小）… ½本
（縦半分に切ったもの・約100g）

A｜ みそ … 大さじ1
　｜ めんつゆ（3倍濃縮）… 小さじ2
　｜ 砂糖 … 小さじ1

削り節 … ½パック（約1g）
ごま油

### 1 ゴーヤーを切る

ゴーヤーはわたと種をスプーンで取り除き、横に幅2〜3mmに切る。Aは混ぜ合わせる。

### 2 ゴーヤーを炒める

フライパンにごま油小さじ1を中火で熱し、ゴーヤーを加えて弱火にし、5〜6分炒める。

### 3 味をからめる

ゴーヤーがくったりとしたら、Aを加えて炒め合わせる。全体に味がなじんだら削り節を加えて混ぜ、器に盛る。

（⅓量で37kcal、塩分1.1g）

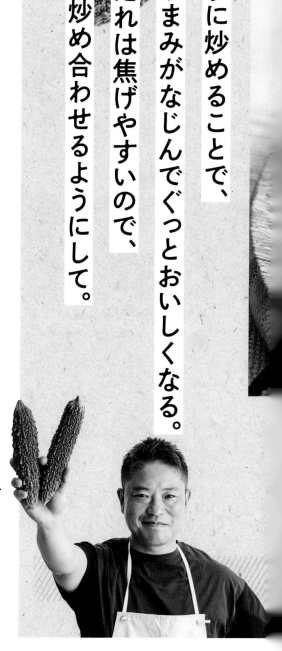

## SHIMPEI'S POINT

ゆでずに炒めることで、油のうまみがなじんでぐっとおいしくなる。みそだれは焦げやすいので、さっと炒め合わせるようにして。

# とりあえず特別編 フライパン炒め&ソテー

炒めもの
## グリーンアスパラガス
食べどき／春

## SHIMPEI'S POINT

アスパラは早く火が通るように、フライパンでさっとゆでるのがコツ。こうすると炒め時間がぐっと短縮できる。

## アスパラの
## ペペロンチーノ風

### 材料（1〜2人分）
グリーンアスパラガス … 2本
ベーコン … 1枚（約20g）
にんにくの薄切り … ½かけ分
赤唐辛子の小口切り … 小さじ¼
オリーブオイル　塩

**1** アスパラは根元の堅い部分を切り、下から⅓くらいのところまでピーラーで薄く皮をむく。フライパンに湯を沸かし、アスパラを入れて中火で30秒ほどゆでる。アスパラを取り出し、幅1cmの斜め切りにする。ベーコンは幅5mmに切る。

**2** 1のフライパンの湯を捨てて水けを拭き、オリーブオイル大さじ1とにんにくの薄切りを入れて中火で炒める。にんにくがきつね色になったら、アスパラ、ベーコン、赤唐辛子を加えてさらに炒める。ベーコンの香りが出てきたら、塩ひとつまみをふる。

（½量で101kcal、塩分0.4g）

56

# キャベツとえびのさっと炒め

**材料（2人分）**

キャベツの葉 … 3枚（約150g）
むきえび … 3尾（約60g）
にんにくの薄切り … ½かけ分
すし酢、オイスターソース … 各大さじ½

しょうゆ　みりん
酒　サラダ油
ごま油

1　キャベツは幅1.5cmに切る。えびは
　背わたがあれば取り、長さ2cmくら
　いに切る。すし酢、オイスターソース
　と、しょうゆ大さじ½、みりん大さじ1、
　酒大さじ1½を混ぜ合わせる。

2　フライパンにサラダ油大さじ½を強
　めの中火で熱し、キャベツを炒める。
　しんなりとしたらえび、にんにく、ご
　ま油大さじ½を加えて炒め合わせ
　る。にんにくの香りが立ったら、1で
　合わせた調味料を加え、さらに1
　分ほど炒めて器に盛る。
　　　　　　（1人分124kcal、塩分1.6g）

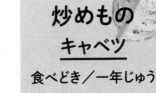

## SHIMPEI'S POINT

炒めもの
**キャベツ**
食べどき／一年じゅう

シンプルなキャベツの炒めものだけど、炒めるときに使うサラダ油とは別に、ごま油で香りづけすると風味よく仕上がる。

# 焼きトマト with カリカリベーコン

**材料（2人分）**

トマト … 1個
ベーコン … 2枚（約40g）
小麦粉　オリーブオイル　塩

1　ベーコンは長さを半分に切る。トマ
　トはへたを取り、横半分に切って、
　断面に小麦粉を薄くまぶす。

2　フライパンにオリーブオイル小さじ
　2を中火で熱し、ベーコンを弱めの
　中火で焼く。ときどき返しながら焼
　き、カリカリになったら油をきって
　器に盛る。同じフライパンにトマトを
　断面を下にして並べ、ふたをして弱
　めの中火で2分ほど焼く。焼き色
　がついたら裏返し、同様に焼く。ト
　マトを器に盛り、塩をひとつまみず
　つふり、オリーブオイル適宜をかけ
　る。　　（1人分134kcal、塩分1.6g）

## SHIMPEI'S POINT

ソテー
**トマト**
食べどき／夏

トマトを蒸し焼きにしたジューシーな一品。ベーコンに塩けがあるから味つけはシンプルでOK。

栗原家の定番・ポテトサラダ

# 甘辛だれのポテトサラダ

ポテトサラダは子どものころから大好きなおかずの筆頭。
母の作ってくれた定番のポテトサラダはいうまでもなく最高においしいんだけど、
自分なりにアレンジして、最近気に入っているのがこれ。
居酒屋で食べたポテサラからヒントを得て、
甘辛だれをかけるようになったんだけど、
これがなんともいえずあとを引く味でおいしいんだよね〜。
甘辛だれをまんべんなく混ぜて食べるんじゃなくて、
たれで味変する気持ちで、混ぜたり混ぜなかったりしつつ、食べるのがおすすめ。
たくさん作ってもすぐになくなるから多めに仕込んでおく、お気に入りだね。

## 材料（3〜4人分）

じゃがいも … 4〜5個（約500g）
玉ねぎのみじん切り … 大¼個分（約70g）
ピーマンのみじん切り … 1個分
ハム … 5枚（約60g）
フレンチマスタード … 小さじ1
甘辛だれ
│ 砂糖 … 大さじ2
│ しょうゆ … 大さじ5
│ みりん … 大さじ4
塩　マヨネーズ

## ポテサラアレンジmemo

ハムをウインナソーセージにしたり、
フレンチマスタードを粒マスタード
にしたり、半熟のゆで卵をのせて
くずして混ぜながら食べてもおい
しい。いろいろ試してみて!

**1** じゃがいもをゆでる
じゃがいもは皮をむいて一口大に切る。ハムは5mm四方に切る。じゃがいもを鍋に入れ、かぶるくらいの水を加えて中火にかける。沸騰したら弱火にし、柔らかくなるまで12分ほどゆでる。

**2** じゃがいもに味をつける
ゆで汁を捨て、中火にかけて水けをとばす。粉をふいたら火を止め、マッシャーなどでなめらかになるまでつぶし、塩小さじ½、玉ねぎ、ピーマンを加えて混ぜる。さめたら、マヨネーズ大さじ3、フレンチマスタード、ハムを加えて混ぜる。

**3** 甘辛だれを作って仕上げる
小鍋にたれの材料を入れ、中火にかける。煮立ったら火を弱め、4〜5分煮つめる。かるくとろみがついたら火を止めてさます。器に**2**を盛り、たれをかける。
（¼量で207kcal、塩分2.9g）

その3

やっぱり「甘辛味」と「チーズ味」は最高。

ついつい酒がすすむ
「甘辛味」「チーズ味」のつまみは、
のんべえの大好物(笑)。
たまに無性に食べたくなって、
「甘辛味」と「チーズ味」の
つまみが先に頭に浮かんで、
あとからお酒が決まるって
こともあるような気がする。
そんなにたくさん
なくてもいいけれど、
あればあったで
うれしいんだよね〜。

## ピザ用チーズって
## 使える!

チーズ味の何かが作りたいとき、
欠かせないのがピザ用チーズ。
たとえば野菜の上にのっけて
とろりと溶けるまで焼いてみたり、
たとえばもうひと息しっかり焼いて、
パリパリカリカリの食感に仕上げたり。
ちょっとしたことでアレンジの幅が
広がるのがうれしいよね。

## めんつゆ&
## オイスターソース
## 推し!

しょうゆに砂糖やみりんを合わせた
甘辛味はもちろんのこと、
甘辛味に奥行きを出したいときに
便利な調味料が
めんつゆとオイスターソース。
めんつゆはだしの風味が、
オイスターソースは
かきのうまみが含まれているから
味がピタッと決まる。
常備しておくといいよ。

# しめじのフライパンピザ

## 材料〔作りやすい分量〕

しめじ … 1パック（約100g）

ピザ用チーズ … 30g

A
小麦粉 … 大さじ1
片栗粉 … 小さじ1
水 … 大さじ2½

オリーブオイル　塩

粗びき黒こしょう

シンプルなピザには
やっぱり白ワインが合うよね。
焼き上がるのが待ちきれず、
飲みはじめることも（笑）。

飲むなら
このお酒！

フライパンで手軽にできる
ピザの主役は
たっぷりのしめじ。
きのこのうまみと
チーズのこくが
ダブルであとを引くよ〜。

## 1

### 生地を作る

しめじは石づきを切り、ほぐす。小さめのボールにＡを入れてよく混ぜ合わせ、生地を作る。

## 2

### 生地を焼く

直径20cmくらいの小さめのフライパンにオリーブオイル大さじ½を入れて中火で熱し、1の生地を丸く広げるようにして流し入れて焼く。焼き色がつき、表面が乾いたら塩ひとつまみをふる。

## 3

### しめじとチーズをのせて焼く

しめじを生地全体に広げるようにしてのせ、さらにピザ用チーズを広げてのせる。ふたをして弱火にし、3分ほど蒸し焼きにする。チーズが溶けたら、塩ひとつまみと粗びき黒こしょう適宜をふり、器に盛る。（¼量で59kcal、塩分0.5g）

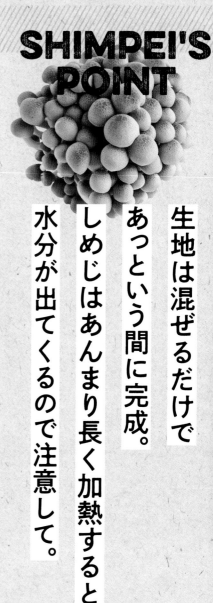

## SHIMPEI'S POINT

生地は混ぜるだけであっという間に完成。しめじはあんまり長く加熱すると水分が出てくるので注意して。

# これもおすすめ、チーズ焼き！

大好きなピザ用チーズをフル活用した、大好きなチーズ味のおつまみアラカルト。

## ピーマンチーズ

**材料（2人分）**

ピーマン … 2個
ピザ用チーズ … 40g
トマトケチャップ

**1** ピーマンは縦半分に切り、へたと種を取る。ピーマン1切れの切り口を上にしてトマトケチャップ小さじ½をのせる。さらにピザ用チーズの¼量を入れて全体に広げる。残りも同様にする。

**2** チーズがこぼれないように**1**を耐熱の器などにのせ、オーブントースターで8〜10分焼く。ピーマンが柔らかくなり、チーズが溶けてかるく焼き色がついたら取り出し、器に盛る。（1人分90kcal、塩分0.6g）

**チーズ焼きピーマン**
食べどき／初夏〜夏

## SHIMPEI'S POINT

味つけの手間いらずでとにかくラクチン。オーブントースターにおまかせだけど焦げないように様子をみながら焼こう。

# オクラのパリチー焼き

**材料(2人分)**

オクラ … 3本
ピザ用チーズ … 30g
塩　粗びき黒こしょう

**1** オクラはがくのまわりの堅い部分
を薄く削り、薄い輪切りにする。

**2** フライパンにピザ用チーズを広げ、
オクラを中央にのせて中火にかけ
る。チーズが溶けてきたらふたをし
て3〜4分焼く。塩、粗びき黒こしょ
う各少々をふって器に盛る。
（1人分62kcal、塩分0.7g）

チーズ焼き
**オクラ**
食べどき／夏

## SHIMPEI'S POINT

フライパンを火にかけてから
チーズを広げると、
どんどん溶けてまとまらないから
気をつけよう。

# 芽キャベツの
# パリパリチーズ焼き

**材料(2人分)**

芽キャベツ … 4個　　オリーブオイル　塩
ピザ用チーズ … 適宜　粗びき黒こしょう

**1** 芽キャベツは縦半分に切る。フライパン
にオリーブオイル大さじ1を弱火で熱し、
芽キャベツの断面を下にして入れ、ふた
をして4分焼く。焼き色がついたら返し、
再びふたをして4分焼く。

**2** 芽キャベツを取り出し、ピザ用チーズを
ひとつまみずつ8カ所に置いて中火で
焼く。チーズが溶けて裏面に焼き色が
ついたら、芽キャベツの断面を下にして
チーズにのせる。焼き色がついたら器
に盛り、好みでオリーブオイル適宜をか
け、塩ひとつまみ、粗びき黒こしょう適
宜をふる。　（1人分144kcal、塩分1.0g）

チーズ焼き
**芽キャベツ**
食べどき／冬〜春

## SHIMPEI'S POINT

甘みを充分に引き出すために、
まずは芽キャベツだけを
じっくりソテーしてから
チーズをプラス。

# 長いもの甘辛磯辺焼き

甘辛焼き

長いも

食べどき／秋

ジリジリ焼いた長いもは
ホックホク。
甘辛いしょうゆだれを
ジュワッと煮からめて
磯辺焼き風に。

飲むなら
このお酒！

甘辛しょうゆ味、
しかものりの風味とくれば、
やっぱり日本酒を
合わせたくなるよね。
冷たいのでもあったかいのでも、
どっちもいいね〜。

## 材料（2人分）

長いも … 150g
甘辛だれ
　│ しょうゆ … 小さじ2
　│ 酒、みりん、砂糖 … 各小さじ1
焼きのり … 適宜
ごま油

## 1 長いもを切る

長いもは皮をむき、幅1cmの輪切りにする。焼きのりは長いもの数に合わせて、幅3〜4cmに切る。甘辛だれの材料をボールに入れ、よく混ぜ合わせる。

## 2 長いもを焼きつける

フライパンにごま油小さじ1を中火で熱し、長いもを並べ入れて、弱めの中火で焼く。焼き色がついたら上下を返し、同様に焼く。

## 3 甘辛だれをからめて仕上げる

長いもの両面に焼き色がついたら、甘辛だれを加える。長いもにたれをからめながら煮つめ、とろみがついたら火を止める。焼きのりを巻き、器に盛る。

（1人分83kcal、塩分0.9g）

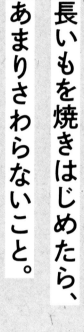

# SHIMPEI'S POINT

長いもを焼きはじめたら、あまりさわらないこと。こうすると早く焼き色がついて香ばしさが増すよ。

# こちらも おすすめ、 甘辛炒め！

同じ甘辛味でも
それぞれ味わいが違うのがポイント。
どれもご飯にもよく合う味だよ！

## れんこんの酢じょうゆ炒め

**材料（2人分）**

れんこん（大）… 1節（約300g）
赤唐辛子 … 1本
ごま油　しょうゆ　酒　みりん　酢　砂糖

1　れんこんは皮をむき、長さ3cmの乱切りにする。5分ほど水にさらし、水けをきる。赤唐辛子は半分に切って種を除く。

2　フライパンにごま油大さじ½を強めの中火で熱し、れんこんを3分ほど炒め、しょうゆ大さじ2、酒、みりん、酢各大さじ1、砂糖大さじ½、赤唐辛子を混ぜ合わせて加える。火を強めて混ぜながら、煮汁がなくなるまで炒める。清潔な密閉容器に入れて冷蔵で4〜5日保存可能。

（1人分164kcal、塩分2.7g）

甘辛炒め
**れんこん**
食べどき／秋〜冬

## SHIMPEI'S POINT

ベースは甘辛味だけど、酢を加えることで、ぐっとまろやかな味に仕上がる。唐辛子の辛みがアクセント。

# 白菜の中華風てりてり炒め

**材料（2〜3人分）**

白菜（しんの部分）… 300g
にんにくの薄切り … 1かけ分
オイスターソース … 大さじ1
中華だしの素（ペースト）… 小さじ½
しょうゆ　酢　砂糖　サラダ油

**1** 白菜は長さ5cmに切り、縦に幅1cmに切る。ボールにオイスターソースと、しょうゆ大さじ2、酢大さじ⅓、砂糖小さじ1、中華だしの素を入れて混ぜ合わせる。

**2** フライパンにサラダ油大さじ3を強火で熱し、にんにくを加えてさっと炒める。香りが立ったら白菜を加え、油を白菜にからめるようにしっかりと炒める。白菜が少ししんなりとしたら、**1**の合わせ調味料を回し入れ、全体がなじむまで炒め合わせて器に盛る。

（⅓量で146kcal、塩分2.7g）

甘辛炒め
白菜
食べどき／冬

# ピーマンのきんぴら

**材料（作りやすい分量）**

ピーマン … 5個
赤唐辛子の小口切り … 小さじ½
白いりごま … 小さじ1
しょうゆ　みりん　砂糖　ごま油

**1** ピーマンは縦半分に切ってへたと種を取り、横に幅5mmに切る。しょうゆ大さじ1、みりん、砂糖各大さじ½を混ぜ合わせる。

**2** フライパンにごま油小さじ1を中火で熱し、ピーマン、赤唐辛子を加えて炒める。ピーマンが少ししんなりとしてきたら、合わせた調味料を加え、汁けがなくなるまで炒め煮にする。白いりごまを加えてさっと混ぜ、火を止める。

（¼量で34kcal、塩分0.7g）

甘辛炒め
ピーマン
食べどき／初夏〜夏

# 大根の煮込み揚げ

大根を甘辛く煮込んでから
揚げる一品は冬の定番。
かぼすやすだちを絞って、
さわやかな香りをプラス。

**飲むなら
このお酒！**

こくのある揚げものには
**ハイボール**を合わせると
後味すっきり！
寒い冬の夜なんかは、
熱燗を合わせるのもいいね〜。

## 材料《作りやすい分量》

大根 … 200g

A
| 水 … ½カップ
| めんつゆ（3倍濃縮）… 大さじ2
| 砂糖 … 小さじ1

好みでかぼすやすだち … 適宜

片栗粉　揚げ油

### 大根を下ゆでし、水分をとばす

大根は皮をむき、幅1.5cmの半月切りにする。Aを混ぜる。口径22cmくらいの鍋に大根を入れ、ひたひたの水を加えて強火にかける。煮立ったら中火にし、そのまま5分ほどゆでて火を止める。鍋の湯を捨てて強火にかけ、水分をとばす。

### 大根を煮る

大根の表面が乾いたらAを加え、煮立ったら中火にして10分ほど煮る。大根があめ色になったら火を止め、そのままおいて粗熱を取る。

### 大根を揚げる

大根に片栗粉を薄くまぶし、かるく握ってなじませる。揚げ油を高めの中温※に熱し、大根を入れて揚げる。表面がサクッとしたら取り出し、油をきる。器に盛り、好みで半分に切ったかぼすやすだちを添え、絞っていただく。

（¼量で61kcal、塩分0.8g）

※180℃。乾いた菜箸の先を鍋底に当てると、細かい泡がシュワシュワッとまっすぐ出る程度。

## SHIMPEI'S POINT

大根は煮る前に一度ゆでこぼして水分を抜くと、味がしみ込みやすいし、柔らかく仕上がるよ。

# 里いもの甘辛煮から揚げ

里いもの煮ものを
まるごとから揚げに！
一度さますことで
煮汁がよりしみて
こくたっぷりに。

飲むなら
このお酒！

思いっきり和風の
揚げものだけど、
濃厚な赤ワインとの
相性が抜群にいい。
ぜひ試してみてほしいな〜。

## 材料【2〜3人分】

里いも … 500g

A
| だし汁 … 1カップ
| しょうゆ … 大さじ2
| 酒、みりん … 各大さじ1
| 砂糖 … 小さじ2

片栗粉　サラダ油

72

## 1 里いもをゆでて
ぬめりを取る

里いもは洗って皮をむく（大きいものは半分に切る）。かるく水洗いして鍋に入れ、水をひたひたに加えて中火にかける。沸騰したらざるに上げてゆで汁をきる。手でこすりながら水で洗ってぬめりを取る。

## 2 里いもを煮る

口径20cmの鍋に**1**、Aを入れて中火にかける。沸騰したら弱めの中火にして20分ほど煮る。里いもが柔らかくなったら火を止めてそのままさます。

## 3 片栗粉をまぶして揚げる

バットに片栗粉適宜を入れ、里いもを加えてまぶす（煮汁はとっておく）。別の口径20cmの鍋にサラダ油[1]を入れて高めの中温[2]に熱し、里いもを入れて2～3分、表面がカリッとするまで揚げる。油をきって器に盛り、煮汁適宜をかける。

（1/3量で168kcal、塩分1.4g）

※1　底から最低5cm以上。
※2　180℃。乾いた菜箸の先を鍋底に当てると、細かい泡がシュワシュワッとまっすぐ出る程度。

# SHIMPEI'S POINT

大根の煮込み揚げ同様、里いもも下ゆでするんだけど、そのあと洗ってぬめりを落とすと味が入りやすくなるよ。

## しいたけのつくだ煮

**材料（2人分）**

生しいたけ … 4個

しょうゆ　酒　砂糖　みりん

**1** しいたけは石づきを切り、6等分に切る。

**2** 小鍋にしいたけと、しょうゆ、酒各大さじ2、砂糖大さじ1½、みりん大さじ1を入れて強めの中火にかける。煮立ったら弱火にして、ときどき混ぜながら7〜8分煮つめる。煮汁がなくなり、しいたけに照りが出たら器に盛る。清潔な密閉容器に入れて冷蔵で6〜7日保存可能。

（1人分72kcal、塩分2.6g）

甘辛味
しいたけ
食べどき／一年じゅう

SHIMPEI'S POINT

しっかりと煮汁を煮つめて、照りよく仕上げたい。ご飯に混ぜてもおいしいよ。

## しめじのなめたけ風

**材料（作りやすい分量）**

しめじ … 2パック（約200g）

野沢菜漬け … 60g

赤唐辛子の小口切り … 小さじ½

だし汁 … ½カップ

しょうゆ　砂糖　酒　みりん

**1** しめじは石づきを切り、ほぐす。野沢菜漬けは汁けを絞らずに、みじん切りにする。

**2** 小鍋に**1**とだし汁、しょうゆ大さじ4、砂糖、酒、みりん各大さじ1、赤唐辛子を入れて混ぜ、強火にかける。煮立ったら中火にし、汁けが少し残るくらいまで6〜7分煮る。清潔な密閉容器に入れて冷蔵で1〜2週間保存可能。

（⅛量で24kcal、塩分1.5g）

甘辛味
しめじ
食べどき／一年じゅう

SHIMPEI'S POINT

刻んだ野沢菜漬けをいっしょに煮て、食感のアクセントに。冷ややっこのトッピングにも重宝するよ。

その①
# 黒酢酢豚
（作り方は76ページ）

栗原家の定番・
濃厚甘辛炒め

こくのある黒酢あんをからめたつやつやの酢豚は、
うちのこくてりおかずの最高峰。
ふだんは豚こまで作ったりするけど、ここ一番ってときは、
紹興酒で香りづけしながらゆでた豚かたまり肉を使って「ごちそう」に。
ゆでた豚肉に粉をまぶして、香ばしく焼いてから調味料をからめると、
味がしっかりなじんでおいしく仕上がる。
豚肉はゆでたあとあんまり時間をおくと堅くなっちゃうので、粗熱が取れたら、
すぐに粉をまぶして焼いてほしい。

黒酢酢豚

その②

# れんこんと豚肉の甘酢炒め

黒酢酢豚とはひと味違う、
唐辛子の辛みのきいた大人味の甘酢炒め。
れんこんにしっかり味が入っているから、
翌日食べてもウマい。

## 材料（3〜4人分）

れんこん … 400g
豚こま切れ肉 … 200g
甘酢だれ
　しょうゆ、すし酢 … 各大さじ3
　みりん … 大さじ1
　酒 … 大さじ½
　赤唐辛子の小口切り … 小さじ½
塩　粗びき黒こしょう　ごま油

**1 下ごしらえをする**
れんこんは皮をむき、大きめの乱切りにする。5分ほど水にさらし、水けをきる。豚肉は塩小さじ⅓、粗びき黒こしょう少々で下味をつける。甘酢だれの材料を混ぜる。

**2 炒めて味をからめる**
フライパンにごま油大さじ1を中火で熱し、豚肉を炒める。肉の色が半分ほど変わったら、れんこんを加えて炒め合わせる。れんこんの表面が透き通ってきたら、甘酢だれを加え、ときどき混ぜながら、汁けがなくなり照りが出るまで4〜5分炒め煮にする。
（¼量で245kcal、塩分3.3g）

## 材料（3〜4人分）

| | |
|---|---|
| 豚肩ロースかたまり肉 … 400g | 黒酢 … 大さじ2½ |
| ピーマン … 3個 | しょうゆ … 大さじ1½ |
| 玉ねぎ … ¼個（約50g） | A　オイスターソース … 大さじ1 |
| ねぎの青い部分 … 1本分 | 砂糖 … 小さじ2 |
| 紹興酒 … ¼カップ | 片栗粉　サラダ油 |

**1 豚肉をゆでる**
豚肉は横に幅2cmに切り、大きければ大きめの一口大に切る。厚手の鍋に水1½カップと紹興酒を入れて混ぜる。豚肉、ねぎの青い部分を加え、弱めの中火にかける。煮立ったら弱火にし、鍋のふたを少しずらしてのせ、45分ほどゆでる。豚肉をゆでている間にピーマンは縦半分に切ってへたと種を取り、横半分に切る。玉ねぎは縦に幅1cmに切る。Aは混ぜ合わせる。

**2 豚肉を焼く**
豚肉が柔らかくなったら火を止め、そのまま30分ほどおいて粗熱を取る。鍋から取り出し、片栗粉適宜を全体にまぶす。フライパンにサラダ油大さじ1½を中火で熱し、豚肉を並べ入れる。焼き色がついたら上下を返し、裏面も同様に焼いて、皿などに取り出す。

**3 味をからめる**
同じフライパンにピーマン、玉ねぎを入れ、強めの中火で焼く。焼き色がつき、ややしんなりとしたら2の豚肉を戻し入れ、炒め合わせる。Aを回し入れて手早く炒め合わせ、全体にとろみがつき、照りが出たら火を止め、器に盛る。
（¼量で305kcal、塩分1.6g）

# 甘辛味×チーズ
# おまけのレシピ

## 味たまクリチー
## ブルスケッタ

冷蔵庫で2〜3日保存できる
味たまを仕込んでおけば、
あっという間に完成!

**材料（3〜4人分）と作り方**

**1** 味たまを仕込む。鍋に湯を沸かし、冷た
い卵3個を6分ほどゆでる。冷水にとっ
てさまし、殻をむく。保存袋に砂糖、みり
ん各大さじ1、しょうゆ大さじ2を混ぜ、
ゆで卵を加える。袋の空気を抜いて口
を閉じ、冷蔵庫に一晩置く。

**2** 味たま2個の汁けをきり、スプーンで4
つに割る。かるくトーストしたバゲットの
薄切り8枚にクリームチーズ適宜を塗り、
味たまを等分にのせる。粗びき黒こしょ
う適宜をふり、オリーブオイル適宜をか
けて、イタリアンパセリのみじん切り適宜
を散らす。

（¼量で265kcal、塩分1.3g）

その4

地味は、滋味
「まとめて」
揚げる、焼く。

野菜ひとつだと
食べごたえがいまイチ
というときに駆使するのが
「まとめて」しまうというワザ。
細く切ったり、薄く切ったり、
つぶしたものをまとめて揚げたり、
焼き固めたりすることで
ぐっとボリューム感が出る。
ちょっと手間はかかるけど、
作りがいのある
おすすめばかりだよ。

## 細く切る、薄く切る!

食感がより際立ったり、
火の通りが早くなったり……。
野菜を細く、薄く切ると
いいことがいっぱいあるんだよね、じつは。
切ったものをころもでまとめて揚げたり、
卵液でつないで焼き固めたりすることで
見た目も楽しいつまみに
仕上げるのが心平流。

## すりおろす、すりつぶす!

大根や長いもをすりおろしたり、
レンチンしたかぼちゃをすりつぶしたり……。
根菜やいも類はおろしたり、
つぶしたりすることで
生地やたねのベースになるからおもしろい。
どうアレンジするのか考えるのが
また楽しいんだよね。

# たけのこのジョン

**材料【2人分】**
たけのこの水煮 … ½個（約100g）
めんつゆ（3倍濃縮）… 大さじ½
卵液
　卵 … 2個
　小麦粉 … 大さじ1
　ごま油 … 小さじ1
　塩 … 小さじ⅕
ごま油　塩　粗びき黒こしょう

フライパンでたけのこを
炒めている最中から
飲みたくなっちゃうので、
ビールを用意して
おいたほうがいいよ〜（笑）。

飲むなら
このお酒！

ジョンは韓国料理で、
野菜や肉に小麦粉、
卵液をつけて焼きつけたもの。
たけのこの
シャキシャキ食感が最高！

80

### たけのこに
### めんつゆをからめる

たけのこは水けをきって長さを半分に切り、縦に幅3mmに切ってボールに入れる。めんつゆをからめて5分ほどおく。別のボールに卵液の材料を入れてよく混ぜ合わせる。

### たけのこを炒め、
### 卵液を加えて焼く

フライパンにごま油大さじ2を中火で熱し、1のたけのこを炒める。たけのこに油が回ったら卵液を流し入れ、ふたをして中火で焼き色がつくまで3分ほど焼く。ふたを取って上下を返し、ごま油大さじ1をフライパンの縁から回し入れる。焼き色がついたら器に盛る。塩小さじ1/3、粗びき黒こしょう適宜をふり、ごま油大さじ1/2を回しかける。

（1人分292kcal、塩分2.3g）

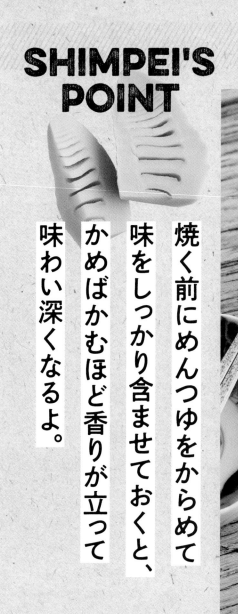

## SHIMPEI'S POINT

焼く前にめんつゆをからめて味をしっかり含ませておくと、かめばかむほど香りが立って味わい深くなるよ。

# れんこん餅

## 材料（2〜3人分）

- れんこん … 1節（約250g）
- ねぎ … ⅓本（約30g）
- ハム … 3枚（約40g）
- A
  - 水 … ½カップ
  - しょうゆ、酒、みりん、片栗粉、砂糖、鶏ガラスープの素（顆粒）… 各小さじ1
- 塩　粗びき黒こしょう　ごま油

すりおろした
れんこんの粘りで
もちもちの食感に。
ハムの塩けとうまみが
いい仕事するよ〜。

このれんこん餅、じつは
鶏ガラスープを使って
中華味に仕上げてるんで、
合わせるなら
紹興酒がおすすめ。
ロックでくいっといきたい！

飲むなら
このお酒！

## 下ごしらえをする

れんこんは、皮をむいてすりおろす。ねぎは5mm四方、ハムは3mm四方に切り、れんこんとともにボールに入れる。Aを混ぜ合わせる。

## 材料を混ぜる

**1**のボールに、塩小さじ⅓、粗びき黒こしょう少々を加えて混ぜる。8等分し、だ円形に整えて手でかるく水けを絞る。

## 焼く

フライパンにごま油大さじ1を入れ、**2**を並べて中火にかける。2分ほど焼き、ふたをして弱めの中火で蒸し焼きにする。焼き色がついたら返し、再びふたをして2分ほど焼き、器に盛りつける。フライパンにAを再び混ぜてから入れ、強めの中火にかける。混ぜながら煮立て、とろみがついたられんこん餅にかける。

（⅓量で133kcal、塩分1.8g）

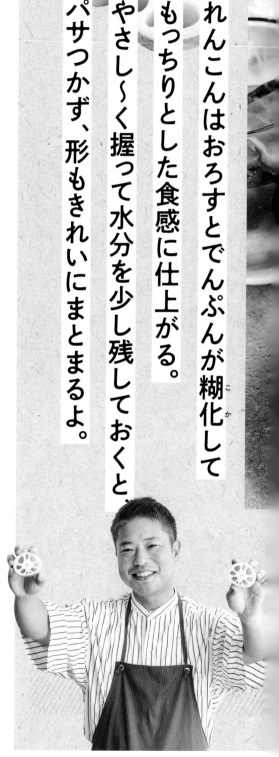

# SHIMPEI'S POINT

れんこんはおろすとでんぷんが糊化(こか)してもっちりとした食感に仕上がる。やさし〜く握って水分を少し残しておくと、パサつかず、形もきれいにまとまるよ。

# ブロッコリーだし巻き

## 材料《作りやすい分量》

ブロッコリー … 50g
卵 … 2個
ハム … 1〜2枚（約20g）
和風だしの素（顆粒） … 小さじ½
塩　サラダ油

刻んだブロッコリーの食感が
新鮮なだし巻き卵風の一品。
おつまみとしてはもちろん、
お弁当のおかずにも
重宝するんだよね。

だし巻き風ではあるけど、
ハムが入っているぶん、
しっかりとしたうまみがある卵焼き。
焼きたてを**ハイボール**と交互に
っていうのがおすすめだね。

飲むなら
このお酒！

84

## 1 卵液を作る

ブロッコリーは細かく刻む。ハムはみじん切りにする。ボールに卵を割り入れ、ハム、ブロッコリー、だしの素、塩ひとつまみを加えてよく混ぜ合わせる。

## 2 卵液の ½ 量を焼いて巻く

卵焼き器にサラダ油大さじ½を入れて中火で熱し、卵液の½量を流し入れる。卵焼き器を傾けながら全体に広げ、底面が固まってきたら、奥から手前に向かってたたむようにして巻く。

## 3 残りの卵液を焼いて巻く

卵焼き器のあいたところに残りの卵液を流し入れて広げ、巻いた卵を持ち上げて、下にも卵液を流し込む。底面が固まってきたら、手前から奥に向かって巻く。巻き終わったら、さらに表面を焼き、焼き色がついたら取り出して食べやすく切る。

（¼量で65kcal、塩分0.7g）

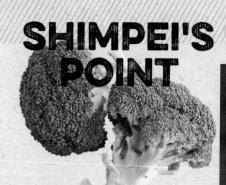

# SHIMPEI'S POINT

ブロッコリーとハムはなるべく細かく刻むようにすると、巻きやすいね。ブロッコリーをゆでる手間がないのでラクチンだよ。

# まだまだ あります まとめ焼き

大好物の大根餅やお焼きは
まさに「まとめ焼き」の仲間。
どれもしっかり味でうまい!

## 長いもお焼き

**材料(2人分)**

長いも … 250g

削り節 … 1パック(約2g)

万能ねぎの小口切り … 適宜

小麦粉　しょうゆ　塩　ごま油

1 長いもは皮をむき、すりおろしながらボールに入れる。小麦粉大さじ½、しょうゆ小さじ1、塩小さじ⅓と削り節を加え、よく混ぜ合わせて生地を作る。

2 小さめのフライパンにごま油大さじ1を中火で熱し、生地を流し入れて丸く広げる。ふたをして弱めの中火で2〜3分焼く。焼き色がついたら上下を返し、ふたをしてさらに2〜3分焼く。両面に焼き色がついたら器に盛り、万能ねぎをのせる。

(1人分141kcal、塩分1.5g)

まとめ焼き
長いも

食べどき／秋

## SHIMPEI'S POINT

長いもをすりおろした生地を、多めのごま油でこんがりカリッと焼く。生地に削り節を入れると、うまみが増すよ。

## 材料（作りやすい分量）

大根 … 200g
干しえび … 5g
しょうがのみじん切り … 1かけ分
万能ねぎの小口切り … 適宜
黒酢 … 小さじ1

砂糖　しょうゆ
小麦粉　塩　酒
粗びき黒こしょう
ごま油

**1** 干しえびを小さめのボールに入れ、水大さじ1を加えてもどし、みじん切りにする。干しえびともどし汁、黒酢、砂糖小さじ1、しょうゆ小さじ2、しょうがを混ぜ合わせる。

**2** 大根は皮をむいてすりおろし、少し水けが残るくらいに絞ってボールに入れる。小麦粉大さじ1、塩ひとつまみ、酒小さじ1、粗びき黒こしょう適宜を加えて混ぜ、3等分にして平たい円形にする。

**3** フライパンにごま油大さじ1を中火で熱し、**2**を入れてふたをし、弱めの中火で2分焼く。返してさらに3分焼き、中火にして**1**を加え、汁けが½量くらいになるまで煮からめる。器に盛り、万能ねぎを散らす。

（⅓量で69kcal、塩分1.1g）

## 甘辛大根餅

### SHIMPEI'S POINT

まとめ焼き
**大根**
食べどき／冬

中華の定番素材、干しえびを使ったこだわりの一品。干しえびのもどし汁は風味満点だから、絶対捨てちゃダメだよ（笑）。

## 材料（2〜3人分）

里いも … 500g
ねぎのみじん切り … ½本分（約50g）
しょうがのみじん切り … 1かけ分
しょうゆ　酢　ラー油　塩　ごま油

**1** 里いもはよく洗い、上下を切り落とす。ぬらした耐熱のペーパータオルを敷いた耐熱のボールに入れ、ふんわりとラップをして電子レンジで9〜10分加熱する。皮をむき、フォークなどでつぶす。ねぎ、しょうが、しょうゆ大さじ2、酢大さじ1、ラー油適宜を混ぜ、たれを作る。

**2** **1**の里いもを8等分し、平たい円形にして塩少々をふる。フライパンにごま油大さじ1½を中火で熱して里いもを入れ、焼き色がつくまで両面を焼く。器に盛り、たれを添える。

（⅓量で210kcal、塩分2.0g）

### SHIMPEI'S POINT

まとめ焼き
**里いも**
食べどき／秋〜冬

里いもの皮は熱いうちにむいたほうがいいけど、やけどをしないように包丁やフォークを使ってね。

## 里いものお焼き

晩ごはんや
お弁当の
おかずにも！

家族から
リクエストがかかる

人気の

「まとめ焼き」

## かぼちゃのコロッケ風

### SHIMPEI'S POINT

「食べたらコロッケ」的な
おかずおつまみ。
ちょっと手がかかるけど、
かぼちゃの甘みを堪能できる絶品だよ。

**材料（2人分）**
かぼちゃ … ⅛個（正味約200g）
合いびき肉 … 100g
玉ねぎのみじん切り … 20g
バター　しょうゆ　酒　みりん　砂糖　塩
粗びき黒こしょう　パン粉　サラダ油

**1** かぼちゃはわたと種を取り、皮を
むいて5mm角くらいに切る。耐熱の
ボールに入れ、ふんわりとラップ
をして、電子レンジで4分加熱する。
かぼちゃに竹串がすっと通るくら
いになったら、木べらなどでなめら
かになるまでつぶす。

**2** フライパンにバター5gを中火で熱
し、ひき肉を炒める。色が変わった
ら1と、しょうゆ大さじ½、酒、みりん
各大さじ1、砂糖小さじ½、塩小さじ
¼、粗びき黒こしょう適宜を加えて
炒め、全体がなじんだら、玉ねぎを
加えてさっと炒める。

**3** 耐熱の器に2を広げ入れ、パン粉
大さじ1½とサラダ油大さじ½を混
ぜ合わせたものを散らす。オーブ
ントースターで6〜8分焼き、表面
がカリッとしたら取り出す。

（1人分278kcal、塩分1.6g）

和風の甘辛味に仕上げたり、中華風のピリ辛だれをかけたりと、「まとめ焼き」を作るときは、お酒によく合う大人味のものにすることが多いんだけど、コロッケ風とフリッタータは、子どもも喜ぶ洋風味で家族に人気。かぼちゃのコロッケ風は、たねを丸めたり、ころもをつけたりしなくていいから気楽に作れていい。晩ごはんのおかずにもなるしね。フリッタータは卵でまとめるタイプの「まとめ焼き」。お弁当のおかずにも重宝するおすすめだよ〜。

# 菜の花のフリッタータ

**材料（3〜4人分）**
菜の花 … 100g
卵 … 3個
カッテージチーズ … 100g
生クリーム … 大さじ2
塩　小麦粉　バター　オリーブオイル

**1** 菜の花は根元を切り落とし、長さ1cmに切る。塩ひとつまみを加えた熱湯に茎を入れて20秒ほどゆで、葉を加えて20秒ゆでる。ざるに上げて冷水にさらし、水けをしっかりと絞る。

**2** ボールに卵を割りほぐし、カッテージチーズ、生クリームと、小麦粉大さじ1½、塩小さじ½を入れて混ぜ、さらに菜の花を加えて混ぜる。

**3** 直径20cmくらいのフライパンにバター10g、オリーブオイル大さじ1を入れて強めの中火で熱し、バターが溶けたら全体に広げ、**2**を流し入れる。すぐにふたをし、弱火で10分ほど焼く。火を止めて5分おき、上下を返して器に盛る。

（¼量で172kcal、塩分1.2g）

# みょうがの天ぷら

サクサクのころもで
みょうがの風味を閉じこめ、
甘辛い合わせだれをのせて。
天ぷら粉を使うと
手軽に作れるよ。

飲むなら
このお酒！

サックサクの天ぷらの相方は
**焼酎のロック一択。**
みょうがならではの
独特の香りに
焼酎の味が絶妙によく合う！

## 材料【2人分】

- みょうが … 3個
- 天ぷら粉 … 大さじ2
- 合わせだれ
  - 削り節 … 1パック（約3g）
  - しょうゆ … 大さじ1
  - みりん … 小さじ1
  - 砂糖 … 小さじ½
- サラダ油

## 下ごしらえをする

みょうがは根元を少し切って縦にせん切りにし、ボールに入れる。天ぷら粉、水大さじ1を加えて混ぜ合わせ、4等分にする。合わせだれの材料を混ぜ合わせる。

## みょうがを揚げる

口径20cmの鍋にサラダ油[※1]を高めの中温[※2]に熱し、みょうがの¼量を菜箸でまとめて入れ、30秒ほど菜箸で押さえたまま揚げる。残りも同様に入れてカリッとするまで4〜5分揚げる。油をきって器に盛り、合わせだれをのせる。

（1人分96kcal、塩分1.4g）

※1　鍋底から最低5cm以上。
※2　180℃。ころもを数滴落とすと、底近くまで沈んで、すぐに浮いてくる程度。

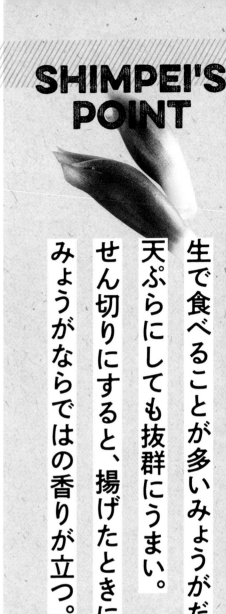

# SHIMPEI'S POINT

生で食べることが多いみょうがだけど、天ぷらにしても抜群にうまい。せん切りにすると、揚げたときにみょうがならではの香りが立つ。

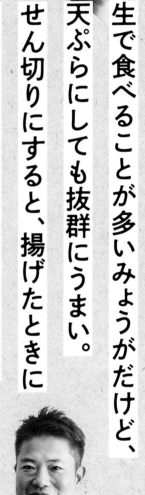

# せん切りごぼうの のり揚げ

## 材料（10個分）
- ごぼう（大）… ½本（約100g）
- 焼きのり（8つ切り）… 10枚
- 天ぷら粉 … 大さじ2
- 大根おろし … 適宜
- ポン酢しょうゆ … 適宜
- 揚げ油

せん切りにしたごぼうを
カリッとするまで揚げて
香ばしさ満点。
のりの香りが
またいいんだよね〜。

飲むなら
このお酒！

ごぼうがおいしくなるのは秋から冬。
そろそろ寒くなってきたな〜
なんて思いながら、
ごぼうを揚げて、
熱燗でやるのがいいんだよね。

## ごぼうを切る

ごぼうは包丁の背で皮をこそげ取り、長さ10cmくらいの斜め薄切りにして重ね、端からせん切りにする。水に15分ほどさらし、ざるに上げてしっかりと水けをきる。

## ごぼうにころもをからめる

ボールに天ぷら粉と水大さじ2を入れてよく混ぜ、ころもを作る。ごぼうを加え、上下を返すようにして混ぜ、全体にころもをからめる。

## ごぼうを揚げる

揚げ油を低めの中温※に熱し、**2**のごぼうの1/10量を焼きのり1枚の上にのせ、指ではさむようにしてのりで包んで油に入れる。のりがはがれないように菜箸ではさんでしばらく揚げ、ころもが固まったら残りも同様にして油に入れ、カリッと揚がったものから取り出す。器に盛り、ポン酢しょうゆをかけた大根おろしを添え、つけて食べる。　（1個分61kcal、塩分0.2g）

### SHIMPEI'S POINT

ごぼうは火が通りにくいので、斜め薄切りにしてからせん切りにするのがコツ。のりではさむようにして包むと、まとまりがいいよ～。

※170℃。乾いた菜箸の先を鍋底に当てると、細かい泡がシュワシュワッとまっすぐ出る程度。

## メンチカツ

人が集まるときにもよく登場するメニューがこれ。
ミニサイズでつまみやすいのと、揚げものなのに、
塩&レモンでさっぱり食べられるのが大好評。
晩ごはんのおかずに作る日も、このくらいの量はいっぺんに揚げちゃう。
翌朝、パンにはさんでカツサンドにするのもひそかな楽しみで、
そのときはソースをたっぷりとかける（笑）。

栗原家の定番・
メンチカツ

**材料（10個分）**

たね
- 豚ひき肉 … 400g
- 玉ねぎ … ¼個（約50g）
- 卵 … 1個
- 小麦粉 … 大さじ1
- 牛乳 … 大さじ1
- 塩 … 小さじ1
- ナツメッグパウダー … 小さじ¼
- 粗びき黒こしょう … 適宜

バッター液
- 卵 … 1個
- 小麦粉 … 大さじ3
- 水 … 大さじ1½

キャベツのせん切り … 適宜

レモンのくし形切り … 3切れ

パン粉　塩　揚げ油

**1** たねをこねる

バットにバッター液の材料を入れ、泡立て器でよく混ぜる。たねの玉ねぎは5mm四方に切る。ボールにたねの材料を入れ、粘りが出るまで手でこねる。

**2** たねにころもをつける

たねを10等分し、それぞれ平たい円形に整える。バッター液にくぐらせ、全体にパン粉適宜をつける。

**3** メンチカツを揚げる

揚げ油を低めの中温※に熱し、**2**の½量を入れる。全体がきつね色になるまで、ときどき返しながら4〜5分揚げ、油をきる。残りも同様にする。器に盛り、キャベツ、レモン、塩適宜を添える。

（1個分161kcal、塩分0.8g）

※170℃。パン粉を少量落とすと、すぐにシュワッと音を立てて広がる程度。

その5

仕込んで
あとラク
「作りおき」
漬け、たれ。

「あ〜、今日はもうクタクタに
疲れたから料理したくない」
ということも、
たまにあったりする（汗）。
そんなときに
「あ〜、昨日仕込んでおいた
自分は天才」と
自画自賛したくなるのが
「作りおき」できる
漬けものやたれ。
便利なだけでなく、
おいしいんだ、これが。

## 野菜がおいしく
## 長もち！

たとえば青じその葉やにら。
気づいたらその葉やにら。
しなっとしていたりすることが、多いよね。
そんないたみやすい野菜は
刻んで調味料と合わせておくだけの
たれや漬けものにしておくと
長くおいしく食べられる。
なんなら時間がたつと
香りや風味がたれや漬け汁になじんで
よりうまみが増すのもうれしい。

## ひたし豆の
## 魅力に
## はまる！

初夏から夏場にかけてよく作るのが
枝豆とそら豆を使ったひたし豆。
どっちもだしベースの漬け汁に漬けるんだけど、
枝豆はしょうゆ、そら豆はすし酢で
味を決めるのがおすすめ。
それぞれの豆の味を生かす調味料を
合わせると味わいに変化がつくのが
おいしい発見だったな〜。

# 万能にらだれ

細かく刻んだ生のにらを
たっぷり使った香味だれ。
オイスターソースのこくで
味に深みが出る。

飲むなら
このお酒！

「にらだれ豚しゃぶ」のときは、
レモンサワーを
合わせることが多いかな〜。
さわやかなレモンの香りで
リフレッシュして、
また箸がすすむよ。

### 材料【作りやすい分量】

にら … 1束
漬けだれ
　しょうゆ … 大さじ2
　酢 … 大さじ1
　みりん … 大さじ½
　砂糖、豆板醤(トウバンジャン)、オイスターソース
　　… 各小さじ1

## 1 にらを切る

にらは小口切りにし、ボールに入れる。

## 2 たれの材料を混ぜる

1に漬けだれの材料を加えて混ぜる。清潔な密閉容器に入れ、冷蔵で4日ほど保存可能。好みで湯豆腐や豚しゃぶなどにかけていただく。

（1/6量で16kcal、塩分1.1g）

### 保存のコツ

にらだれはけっこう保存がきくけど、だんだんにらから水分が出てくるので、なるべく早く使いきるのがいい。冷ややっこのトッピングにするとか、から揚げにかけるとか、うどんにからめるとか、その名のとおり、いろいろな料理と合う「万能」だれだから、どんどん使っておいしく食べきってほしい。

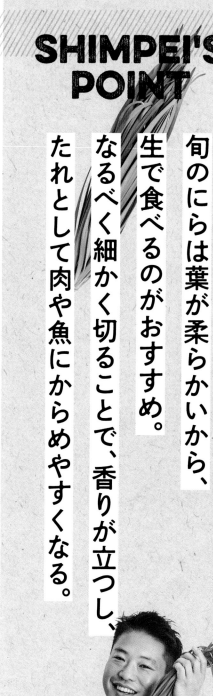

# SHIMPEI'S POINT

旬のにらは葉が柔らかいから、生で食べるのがおすすめ。なるべく細かく切ることで、香りが立つし、たれとして肉や魚にからめやすくなる。

# にんにくじょうゆで チキンソテー

## 材料【2〜3人分】

にんにくじょうゆ（作りやすい分量）
- にんにく … 3かけ（約20g）
- しょうゆ … 大さじ3
- みりん … 大さじ1

鶏もも肉（大）… 1枚（約300g）

塩　粗びき黒こしょう　サラダ油

にんにくじょうゆを
たっぷりからめたチキンソテーには、
キレのある〈濃いめのレモンサワー〉が
とにかくよく合う。
脂をいったんリセットしてくれるのが
いいんだよね。

いろいろな料理に使える
にんにくじょうゆ。
栗原家のイチ推しは
チキンソテー。
香ばしい香りが
食欲をそそるよ〜。

飲むなら
このお酒！

100

## 1

### にんにくじょうゆを仕込んで一晩おく

にんにくは横に薄切りにし、しんを取る。小さめのボールににんにくを入れ、しょうゆ、みりんを加えて混ぜ合わせる。ラップをして冷蔵庫に一晩置いて味をなじませる。全体にとろみがついたらにんにくじょうゆのでき上がり。清潔な密閉容器に移し、冷蔵で4〜5日保存可能。

## 2

### 鶏肉を焼く

鶏肉は8等分に切り、塩小さじ⅓、粗びき黒こしょう少々をふり、1切れずつ皮を広げる。フライパンにサラダ油小さじ1を中火で熱し、油が充分に温まったら、鶏肉を皮目を下にして並べ入れる。ふたをして弱めの中火で3分ほど焼く。

## 3

### にんにくじょうゆをからめる

鶏肉の上下を返し、再びふたをして同様に3分ほど焼く。ふたを取って強めの中火にし、にんにくじょうゆ大さじ2をにんにく適宜とともに加え、全体に味をからめる。（⅓量で221kcal、塩分2.3g）

# SHIMPEI'S POINT

旬のものが出回る時期に、ぜひ作ってみてほしいのが、生のにんにくが主役の香味じょうゆ。ちょっとみりんを入れることで、こくとうまみが増す。

# 青じそのピリ辛香味漬け

青じそのさわやかな風味と豆板醤の辛みがあとを引くよ。お酒はもちろん、ご飯もすすむ！

青じその香味漬けを使った焼き肉をするときは、マッコリを買ってくる。韓国の伝統的なお酒で、焼き肉との相性のよさはいうまでもなく抜群。

飲むならこのお酒！

## 材料【作りやすい分量】

青じその葉 … 10枚
漬け汁
  にんにくのみじん切り … ½かけ分
  しょうゆ … 大さじ2
  すし酢 … 大さじ1
  砂糖 … 小さじ1
  豆板醤 … 小さじ½

**1**

## 漬け汁を作る

バットなどに漬け汁の材料を入れ、よく混ぜ合わせる。

**2**

## 青じそを漬け込む

青じそに漬け汁をかけながら、1枚ずつバットに重ね入れ、青じその表面に密着させるようにラップをし、1時間以上おく。清潔な密閉容器に入れ、冷蔵で4〜5日保存可能。ご飯、焼いた豚バラ肉とともに韓国のりにのせ、巻いて食べるのがおすすめ。

（¼量で19kcal、塩分1.7g）

保存のコツ

青じその葉を使いきったあと、漬け汁が残ったときは、炒めものや炒飯の味つけに使うのがおすすめ。ちょっと入れるだけで香りがよくなるし、火を入れるとしょうゆの香ばしさやすし酢のまろやかな甘みが立って、こくが増すよ。

# SHIMPEI'S POINT

青じその葉を切らずにそのまんま、漬け汁に漬け込むだけででき上がる、おつまみの素。あるとつい、白いご飯にものっけたくなるんだよね（笑）。

# 新玉ねぎのしょうゆ漬け

**材料（作りやすい分量）**

新玉ねぎ … ½個

みりん　砂糖　しょうゆ　酢

**1** 新玉ねぎは縦横半分に切る。小鍋にみりん½カップを入れて中火にかけ、⅔量になるまで煮つめる。

**2** 1の鍋に砂糖大さじ1、しょうゆ大さじ3、玉ねぎ、酢大さじ4を加えて混ぜ、火を止める。粗熱を取って清潔な密閉容器に入れ、冷蔵庫で一晩漬ける。冷蔵で10日ほど保存可能。　（½量で92kcal、塩分1.2g）

作りおき
新玉ねぎ
食べどき／春

**まだまだあります 作りおきつまみ！**

## SHIMPEI'S POINT

熱した漬け汁に玉ねぎを加えてひと混ぜしたらすぐに火を止める。汁がさめる間に味がじわじわなじんでいくよ。

# みょうがの甘酢漬け

**材料（2〜3人分）**

みょうが … 6個

すし酢 … ½カップ

みょうがは根元を少し切り落とす。保存袋に入れ、すし酢を加える。空気を抜いて口を閉じ、冷蔵庫で2日ほど漬ける。冷蔵で1週間ほど保存可能。すし酢がなければ、酢、砂糖各大さじ3½、塩少々を混ぜたもので代用してもよい。

（⅓量で23kcal、塩分0.8g）

作りおき
みょうが
食べどき／初夏〜秋

## SHIMPEI'S POINT

市販のすし酢を使ったピクルス風の一品。すし酢っていろいろな料理に使えるから常備しておくと重宝するよ。

104

# ひたし枝豆

**材料（2人分）**
枝豆 … 180g
だし汁 … ½カップ
薄口しょうゆ … 大さじ1
みりん　酒　塩

1　鍋に湯を沸かし、枝豆を入れて2分ほどゆでる。ざるにとって冷水にさらし、さめたら水けをきって豆を取り出し、さらに薄皮を取り除く。

2　漬け汁を作る。小鍋にだし汁と薄口しょうゆを入れ、みりん小さじ2、酒小さじ1、塩小さじ½を加えて中火にかける。ひと煮立ちしたら火を止める。漬け汁が完全にさめたら清潔な密閉容器に移し、枝豆を加える。ふたをして冷蔵庫に一晩以上置く。冷蔵で3〜4日ほど保存可能。
（1人分69kcal、塩分1.8g）

作りおき
枝豆
食べどき／夏

## SHIMPEI'S POINT

枝豆の色を生かしたくて薄口しょうゆを使ったけど、なければしょうゆで作ってもらってもOK。

# ひたしそら豆

**材料（作りやすい分量）**
そら豆（さやから出したもの）… 150g
だし汁 … 大さじ3
すし酢 … 大さじ1
しょうゆ

1　鍋に湯を沸かし、そら豆を加えて1分20秒ゆでる。ざるに上げて水けをきり、冷水にとってさましてから皮をむく。

2　ボールにだし汁とすし酢、しょうゆ大さじ2を入れて混ぜ合わせる。そら豆を加え、しっかりと浸った状態にしてラップをし、冷蔵庫で一晩置く。漬け汁ごと清潔な密閉容器に移し、冷蔵で5日ほど保存可能。
（¼量で36kcal、塩分0.8g）

作りおき
そら豆
食べどき／初夏

## SHIMPEI'S POINT

そら豆独特の香ばしい風味が、いい感じで漬け汁にもなじんでおいしくなる。一つつまんだら止まらないよ。

# 栗原家の定番・ゆで豚ストック

ゆで豚ストック

## 材料（作りやすい分量）

豚肩ロースかたまり肉 … 600g
ねぎの青い部分 … 1本分
しょうがの薄切り … 1かけ分
酒

厚手の鍋に材料をすべて入れ、酒大さじ1と豚肉がかぶるくらいの水を加えて強めの中火にかける。沸騰したら弱火にし、ふたを少しずらして1時間ほどゆでる。竹串を刺してすっと通るようになるまで柔らかくなったら火を止める。清潔な密閉容器にゆで豚とゆで汁を入れ、冷蔵で3〜4日保存可能。

（¼量で342kcal、塩分0.2g）

ねぎやしょうがといっしょにゆでておくだけで、
メインのおかずにも副菜にもアレンジできる「ゆで豚ストック」は、
とくに夏場によく作る栗原家定番の作りおき。
豚肉は赤身と脂身のバランスがいい肩ロースが絶対におすすめ。
それと、豚肉をゆでるときは厚手の鍋を使ったほうが
火の当たりがやさしくていいんだけど、
ない場合はゆで汁が減りすぎていないか確認して、
適宜水をたして加減するといいと思う。

# 四川風雲白肉
（ウンパイロウ）

イチ推しアレンジ

薄く切ったゆで豚が、まるで雲のように見えることからその名がついたという四川料理。にんにくのパンチがきいたたれが合う！

## 材料（2〜3人分）

「ゆで豚ストック」… ½量（約200g）

きゅうり … ⅓本

ねぎ … 5cm

にんにくみそだれ

　ねぎのみじん切り … 5cm分（約15g）

　にんにくのすりおろし … 1かけ分

　しょうがのすりおろし … 1かけ分

　しょうゆ … 大さじ3

　みりん … 大さじ½

　砂糖 … 小さじ2

　ごま油 … 小さじ1

　みそ、豆板醤（トウバンジャン）… 各小さじ½

**1** 材料の下ごしらえをする

ねぎは縦に1本切り込みを入れてしんを取り、縦にせん切りにして水にさらし、水けをきる（しらがねぎ）。きゅうりは、ピーラーで縦に薄切りにして氷水につける。シャキッとしたらしっかり水けを拭き取る。1枚ずつ少しずらしながら重ねてくるりと巻き、球体にする。ゆで豚は幅7〜8mmに切り、中央をあけて器に盛る。

**2** にんにくみそだれを
作ってかける

小鍋に、ねぎ以外のにんにくみそだれの材料を入れて混ぜ、中火にかける。混ぜながら5分ほど煮て、粗熱を取る。ねぎを加えて混ぜ、豚肉にかける。中央に**1**のきゅうりを盛り、しらがねぎをのせる。

（⅓量で277kcal、塩分3.0g）

その6

汁だく、
とろとろ
あつあつ
「煮ものと
あんかけ」。

汁けの多い煮ものや、
口当たりのいいとろとろのあんが
おいしい野菜の
「だけつまみ」も大好物。
・・
汁を肴に飲めるタイプなんで、
時間のあるときにビール片手に
のんびり作ったりする。
あっ、時間がないときは
一気に汁のうまみを吸わせる
炒め煮もいい。
うまみたっぷりでおいしいよ。

## サラダ感覚の
## 食べるスープ！

たとえばカリフラワー。
うちでは生でスライスして
サラダにするのが定番だったけど、
あるとき刻んでスープで煮てみたら
すごくおいしくてびっくり。
ゴロゴロに切るとおかず感が増すけど、
刻むことで「チビチビ」食べるのが楽しい、
つまみになるんだよね。

## とろみを上手に
## つけるコツ！

とろみをつけるときは、
仕上げに水溶き片栗粉を加えることが多い。
片栗粉は時間をおくと沈澱するから、
「使う直前にもう一度よく混ぜること」が大事。
しっかり混ぜておかないと、
あとでだまができるから注意して。

# 刻みカリフラワーと
# ベーコンのクリーム煮

煮もの

カリフラワー

食べどき／冬

「食べるスープ」仕立ての
クリーム煮。
これがまたお酒にも
合うんだよね～。
ベーコンのうまみを
プラスするのがコツ。

飲むなら
このお酒！

あったかいクリーム煮には
ホットワインが合うよ～！
焼いたバゲットなんかを添えて、
スープに浸しながら
食べるのもおすすめ。

## 材料（2～3人分）

カリフラワー … 250g
ベーコン（ブロック）… 70g
A｜ 生クリーム … 1カップ
　｜ 牛乳 … ¾カップ
　｜ 洋風スープの素（顆粒）
　｜ … 小さじ1
好みでイタリアンパセリの
　　みじん切り … 適宜
バター　塩　粗びき黒こしょう

110

## 1 カリフラワーを刻む

カリフラワーは堅い茎を切り、粗いみじん切りにする。ベーコンは1.5cm角に切る。Aを混ぜ合わせる。

## 2 ベーコンと
## カリフラワーを煮る

フライパンにバター10g、ベーコンを入れて強めの中火で炒める。ベーコンの香りが立ってきたらカリフラワーを加え、さらに炒める。カリフラワーに油が回ったらAを加え、煮立ったら弱火にして、吹きこぼれないように火加減を調整しながら10分ほど煮る。

## 3 カリフラワーをつぶして
## 仕上げる

カリフラワーが柔らかくなったら、マッシャー（なければ木べら）で粗くつぶす。塩小さじ⅓、粗びき黒こしょう少々を加えて混ぜ、器に盛って、好みでイタリアンパセリと、粗びき黒こしょう少々を散らす。

（⅓量で420kcal、塩分1.7g）

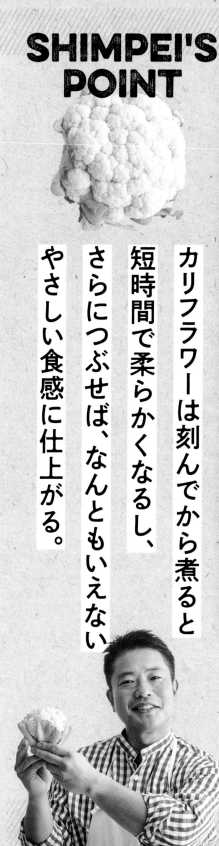

# SHIMPEI'S POINT

カリフラワーは刻んでから煮ると短時間で柔らかくなるし、さらにつぶせば、なんともいえないやさしい食感に仕上がる。

# もちとろかぼちゃの だしあんかけ

## 材料【2～3人分】

かぼちゃ … 1/10個（正味約150g）

刻みのり … 適宜

だし汁 … 大さじ3

A

だし汁 … 1/2カップ

しょうゆ … 大さじ1

酒、みりん … 各大さじ1/2

砂糖 … 小さじ1

片栗粉 … 小さじ2/3

小麦粉　酒　塩

だし汁を加えて練り上げた
かぼちゃの食感が新鮮。
口当たりのいい
あんをかけたら、
あつあつを食べよう！

飲むなら
このお酒！

あつあつのだしあんかけには
**冷酒が合う！**
ひやあつ、ひやあつの繰り返しが
おいしいし、楽しい。

## 1 かぼちゃをつぶす

かぼちゃはわたと種を取り、皮をむいて5cm角くらいに切る。耐熱のボールに入れ、ふんわりとラップをして、電子レンジで3分加熱する。かぼちゃに竹串がすっと通るくらいになったら、マッシャー（なければ木べらなど）で、なめらかになるまでつぶす。

## 2 かぼちゃを練る

**1**をフライパンに入れて中火にかけ、小麦粉大さじ½、だし汁を加えて木べらなどで練り混ぜる。汁けがなくなったら、酒小さじ1、塩小さじ¼を加えてさらに練り混ぜ、全体がねっとりとして、ひとまとまりになったら器に盛る。

## 3 だしあんを作る

小鍋にＡを入れ、混ぜながら弱めの中火で熱する。しっかりととろみがついたら火を止めて**2**に回しかけ、刻みのりをのせる。

（⅓量で66kcal、塩分1.4g）

# SHIMPEI'S POINT

かぼちゃはつぶしてから、水分をとばすようにして練り上げる。手間はかかるけど、そのもちもち感はもう、最高だよ〜。

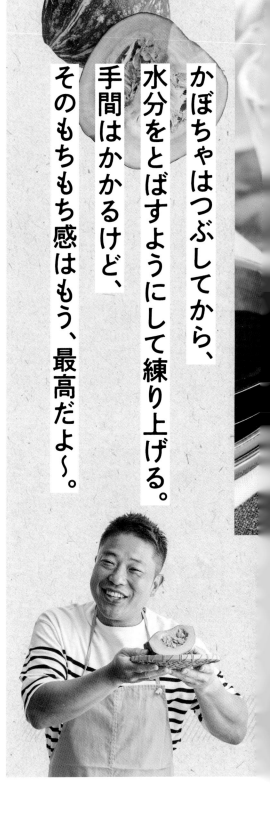

# 菜の花の
# とろとろ卵白あん

菜の花のほろ苦いうまみと
しょうがのさわやかな
香りがマッチ。
品のいい味わいの
あったかつまみだよ。

飲むなら
このお酒！

じつは中華風のとろとろあん。
紹興酒のお供に最高！
常温もしくは燗で
くいっといきたいね〜。

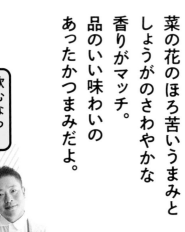

## 材料【2人分】

菜の花 … 200g

しょうがのせん切り … 1かけ分

卵白 … 1個分

|   |   |
|---|---|
| | 水 … ½カップ |
| | 酒 … 大さじ½ |
| A | 中華だしの素（ペースト）… 小さじ⅔ |
| | 片栗粉 … 小さじ1 |
| | 塩 … ひとつまみ |

塩　ごま油

### 菜の花を下ゆでする

菜の花は根元の堅い部分を切り落とし、長さ4～5cmに切って、茎と葉に分ける。鍋に湯を沸かして塩ひとつまみを加え、菜の花の茎を20秒ほどゆでる。葉も加えてさらに10秒ほどゆでてざるに上げ、冷水にさらして水けをしっかりと絞る。

### 菜の花を炒める

Aは混ぜ合わせる。卵白はコシを切るようにして溶きほぐす。フライパンにごま油大さじ½を強めの中火で熱し、しょうがを炒める。香りが立ったら菜の花を加えて炒め、全体に油が回ったら、Aを再び混ぜて加え、全体を混ぜる。

### 卵白を加えて仕上げる

煮立ったら、**2**の卵白を回し入れ、そのまま10秒ほどおく。卵白が固まりかけたら木べらでかるく混ぜ、全体がまとまったら器に盛る。

（1人分71kcal、塩分1.4g）

## SHIMPEI'S POINT

炒める前にさっとゆでて、冷水にさらすことで、菜の花の彩りがぐっと鮮やかになる。味ものりやすくなるし、一石二鳥。

# なんなら おかずにもなる 煮もの・あんかけ

ここにまとめた3品は、汁けはそんなにないけど、うまみのしみぐあいが半端ないお気に入り！

## さつまいものレモン煮

**材料（2人分）**

さつまいも（大）… 1本（約350g）
レモン汁 … 大さじ1
はちみつ … 小さじ2
砂糖　塩

**1** さつまいもはよく洗い、皮つきのまま幅1.5cmの輪切りにする。水に10分ほどさらし、水けをきる。小鍋にさつまいもと水1½カップを入れて強火にかける。

**2** 煮立ったら中火にし、4分ほど煮る。はちみつと、砂糖大さじ1、塩小さじ½を加えて混ぜ、さらに5分ほど煮る。煮汁が¼量くらいになったらレモン汁を加え、煮汁にかるくとろみがつくまでさらに煮つめて火を止める。

（1人分265kcal、塩分1.6g）

煮もの
さつまいも
食べどき／秋

## SHIMPEI'S POINT

お弁当のおかずにもおすすめの定番煮もの。はちみつを使うとやさしい甘さに仕上がるよ。

# ブロッコリーと厚揚げの中華あん

**材料（2〜3人分）**
ブロッコリー（大）… ½株（約150g）
厚揚げ … 1枚（約150g）
中華だしの素（ペースト）… 小さじ1
酒　みりん　片栗粉　塩　ごま油

1　ブロッコリーは粗く刻む。厚揚げは縦半分に切ってから、横に幅1.5cmに切る。

2　水½カップ、酒大さじ2、みりん大さじ1、中華だしの素と、片栗粉小さじ1、塩小さじ⅔を混ぜ合わせる。

3　フライパンにごま油大さじ1を中火で熱し、厚揚げを炒める。かるく焼き色がついたら、ブロッコリーを加えて炒める。ブロッコリーが柔らかくなったら**2**をもう一度混ぜて加え、混ぜながら煮て、とろみをつける。

（⅓量で149kcal、塩分1.8g）

あんかけ
ブロッコリー
食べどき／秋〜春

## SHIMPEI'S POINT

粗く刻んだブロッコリーと厚揚げを炒めてあんをからめた中華風の一品は、ご飯にのせても◎。

---

# ごぼうと油揚げの炒め煮

**材料（2〜3人分）**
ごぼう（大）… ½本（約100g）
油揚げ … 1枚
赤唐辛子の小口切り … 小さじ½
しょうゆ　みりん　酒　砂糖　ごま油

1　ごぼうは包丁の背で皮をこそげ取り、幅2mmの斜め切りにする。水に15分ほどさらし、ざるに上げて水けをきる。油揚げは縦半分に切って重ね、横に幅1cmに切る。しょうゆ、みりん、酒各大さじ1、砂糖小さじ1と赤唐辛子の小口切りを混ぜ合わせる。

2　フライパンにごま油大さじ½を中火で熱し、ごぼうを炒める。油が回ったら油揚げを加えて、さっと炒める。**1**で合わせた調味料を加え、汁けがなくなるまで炒め合わせる。

（⅓量で98kcal、塩分0.9g）

煮もの
ごぼう
食べどき／秋〜冬

## SHIMPEI'S POINT

ごぼうは早く火が通るように薄切りにする。斜めに切ると切り口が大きくなって味もよくなじむよ。

# ハリハリ白菜鍋

白菜好きにはたまらない
シンプルな鍋。
ゆずをキュッと絞ると
味がしまっておつまみに
絶好の味わいになる。

> 飲むなら
> このお酒!

冬の寒い日の
晩酌にはやっぱりこれ。
しみじみ和風のハリハリ鍋には、
やっぱり**熱燗**が合うよね〜。

## 材料【2人分】

白菜（葉の部分）… 120g
生たらの切り身（すき身）… 50g
A だし汁 … 1½カップ
　しょうゆ、酒、みりん … 各大さじ1
　塩 … 小さじ½
ゆず … 1個
塩

## 白菜とたらの
## 下準備をする

白菜は繊維を断つように、横に幅1cmに切る。ボールに入れ、塩小さじ⅓をまぶして20分ほどおき、水分が出てきたら、しっかりと水けを絞る。たらは一口大の薄いそぎ切りにする。ゆずはよく洗い、横半分に切る。½個は果汁を絞る（大さじ½程度になればOK）。

## 白菜を煮る

小さめの土鍋などにAを入れて混ぜ合わせ、中火にかける。煮立ったら白菜とゆずの果汁を加えて混ぜる。

## たらを加えて煮る

再び煮立ったらたらを入れ、2〜3分煮て火を止める。ゆずの皮を包丁で薄く削りながら散らす。

（1人分49kcal、塩分2.0g）

# SHIMPEI'S POINT

あえて柔らかい葉を塩もみして使う鍋。水けを絞った白菜のハリハリとした食感がくせになるんだよね〜。

その7

やめられない、止まらない「スナック」つまんで。

なんならおやつにもなりそうな
チップス系とか、
ワインやシャンパンに
合わせたくなるカナッペとか、
スナック系のつまめるつまみは、
人を招いたときに作ると
喜ばれるよね。
そんなにしょっちゅうは
作らないかもしれないけど、
レパートリーにぜひ加えてほしい
おすすめばかり。

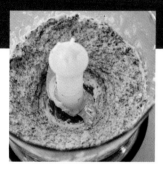

## チップスは
## 薄くスライスが
## 大事！

たとえばさつまいもチップスを作るときは、
あればスライサーを使って
できるかぎり薄く切ってほしい。
薄く切ることで早く火が通るし、
何よりチップスらしい
パリッとした食感に仕上がるからね。

## ペーストは
## ていねいな
## 下ごしらえが
## 大事！

たとえばにんにくは
一度揚げてからつぶすと甘みが引き立つし、
ほうれん草はゆで方にこだわると
全体に均一に火が通る。
最終的につぶしてペースト状にしちゃうけど、
下ごしらえをきちんとすると
味が変わるよ。

# ほうれん草のカナッペ

**材料《作りやすい分量》**

ほうれん草 … ½わ（約100g）

A ｜ クリームチーズ … 5個（約100g）
｜ ハム … 1～2枚（約20g）
｜ レモン汁 … 小さじ1
｜ 塩 … ひとつまみ
｜ 粗びき黒こしょう … 適宜

バゲット（厚さ1cmに切ったもの）
　… 適宜

塩

旬のほうれん草の甘みとクリームチーズのこくがほんとによく合う！おもてなしのとりあえずにも重宝するよ。

**飲むなら このお酒！**

カナッペには、やっぱりシャンパンでしょ！（笑）というか濃厚なペーストには、白でも赤でもワインが合うよね。

122

## 1 ほうれん草をゆでる

鍋にたっぷりの湯を沸かし、塩ひとつまみを加える。ほうれん草の葉の部分を持ち、茎の根元を湯につける。そのまま10秒おいてから全体を湯につけて10秒ほどゆでる。

## 2 ほうれん草を切る

すぐに冷水にとり、完全にさめたら水けを絞り、根を切り落として長さ3cmに切る。

## 3 ほうれん草ペーストを作る

フードプロセッサーにほうれん草とＡを入れ、全体が均一で、なめらかなペースト状になるまで撹拌する。バゲットにほうれん草ペースト適宜をのせ、器に盛る。

（⅛量で136kcal、塩分1.0g）

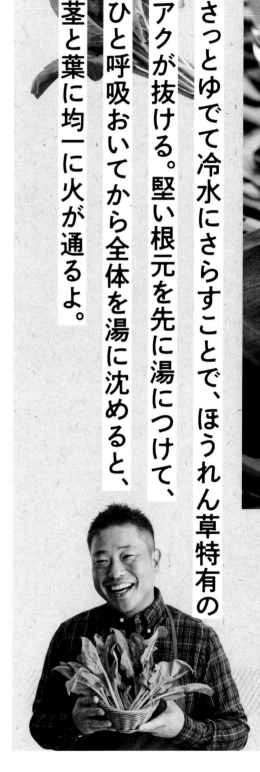

# SHIMPEI'S POINT

さっとゆでて冷水にさらすことで、ほうれん草特有のアクが抜ける。堅い根元を先に湯につけて、ひと呼吸おいてから全体を湯に沈めると、茎と葉に均一に火が通るよ。

# さつまチップス
# ねぎマスタードソース

## 材料【作りやすい分量】

- さつまいも … 1本（約250g）
- ねぎマスタードソース
  - 青ねぎの小口切り … 1本分
  - マヨネーズ … 大さじ2
  - フレンチマスタード、レモン汁 … 各小さじ1
  - 粗びき黒こしょう … 適宜
- 揚げ油

チップスとくれば、
ビールとなりがちだけど、
さつまいもの甘みと
相性のいいのがハイボール。
すすんじゃうね〜。

飲むなら
このお酒！

さつまいもをカリッと
揚げたチップスに、
酸味のきいた
マスタードソースが好相性！
止まらなくなる系だね。

124

## 1

### さつまいもの 下ごしらえをする

さつまいもはよく洗い、皮つきのまま、幅1mmのごく薄い輪切りにする。さっと水にさらして、ペーパータオルでしっかりと水けを拭き取る。

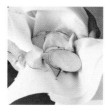

## 2

### さつまいもを揚げる

揚げ油を低めの中温※に熱し、さつまいもを揚げる。カリッとし、きつね色になったら取り出して油をきり、器に盛る。

※170℃。乾いた菜箸の先を鍋底に当てると、細かい泡がシュワシュワッとまっすぐ出る程度。

## 3

### ソースを添えて 仕上げる

ねぎマスタードソースの材料を混ぜ合わせ、小さめの器に盛って、**2**に添える。さつまいもチップスにソースをつけながらいただく。

（¼量で206kcal、塩分0.2g）

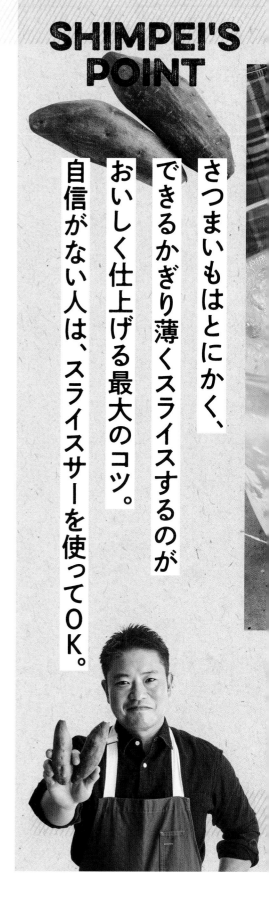

## SHIMPEI'S POINT

さつまいもはとにかく、できるかぎり薄くスライスするのがおいしく仕上げる最大のコツ。自信がない人は、スライサーを使ってOK。

# ガーリックトースト

**材料（作りやすい分量）**

にんにく（大）… 3かけ（約30g）
生クリーム … 大さじ2
バゲット … 適宜
サラダ油　塩　粗びき黒こしょう

**1** 小鍋ににんにくを入れ、サラダ油をひた
ひたになるまで注ぎ入れて中火にかけ
る。にんにくから泡が出てきたら弱火に
し、4〜5分揚げる。にんにくがきつね色
になり、竹串がすっと通るくらいになっ
たら油をきり、ボールに入れる。

**2** にんにくが熱いうちにフォークでつぶ
し、生クリームと、塩小さじ¼、粗びき黒
こしょう少々を加えてよく混ぜ合わせれ
ばガーリックペーストのでき上がり。バ
ゲットを好みの厚さに切り、ガーリック
ペースト適宜を塗って、オーブントース
ターでかるく焼く。

（⅓量で121kcal、塩分0.8g）

# たたみゴーヤー

**材料（作りやすい分量）**

ゴーヤー（小）
　　… ½本（縦半分に切ったもの・約100g）
サラダ油　片栗粉　塩

**1** ゴーヤーはわたと種をスプーンで
取り除く。横になるべく薄く切り、サ
ラダ油、片栗粉各大さじ1を順にま
ぶす。

**2** オーブントースターの天板に耐熱
のオーブン用シートを敷き、ゴー
ヤーを広げる。オーブントースター
で8〜10分焼き、かるく焼き色が
ついたら上下を返し、さらに5〜6
分焼く。ところどころパリッとしたら、
食べやすくちぎって器に盛り、塩適
宜をふる。

（¼量で38kcal、塩分0.2g）

まだまだあります つまめるスナック

**SHIMPEI'S POINT**

スナック
にんにく
食べどき／初夏

ひと手間だけどにんにくは
まるごと揚げることでほっくりするし、
甘みも出てくる。このペースト、
肉にも魚にも合う万能だよ。

**SHIMPEI'S POINT**

スナック
ゴーヤー
食べどき／夏

ゴーヤーに油と粉をまぶして
オーブントースターで焼くだけ。
たたみいわしならぬ、たたみゴーヤーは
サクサクしてうまいっ！

## ささっとメンマ

### 材料（作りやすい分量）
たけのこの水煮（大）… 1個（約250g）
しょうゆ　みりん　砂糖　塩　ごま油

**1** たけのこの水煮は水けをきって縦に薄切りにする。しょうゆ大さじ2、みりん大さじ1½、砂糖小さじ1、塩小さじ⅓を混ぜてたれを作る。

**2** フライパンにごま油大さじ1を中火で熱し、たけのこを炒める。油が回ったら1のたれを加えて汁けがなくなるまで炒める。火を止め、ごま油大さじ½を加え、さっと混ぜる。
（¼量で86kcal、塩分1.8g）

たけのこで作る
なんちゃって

### SHIMPEI'S POINT

漬けものとはまた違う味わいの箸休めとして、なんちゃってメンマを作っちゃいました（笑）。ごま油の香りがいいんだよね〜。

---

# くせになる味 つまめるスナック特別編

## 春菊ご飯

### 材料（作りやすい分量）
春菊 … ½わ
米 … 2合（360ml）
油揚げ … 2枚
だし汁 … 285ml
薄口しょうゆ … 大さじ2
好みで焼きのり … 適宜
みりん　酒　塩

**1** 米は洗ってざるに上げる。熱湯に春菊を茎から入れて10秒、全体を沈めて10秒ゆでる。冷水にとって水けを絞り、幅7〜8mmに切って、さらに水けを絞る。油揚げは5mm四方に切る。

**2** 炊飯器の内がまに米、油揚げを入れる。ボールに薄口しょうゆ、みりん大さじ1½、酒大さじ1、塩小さじ½〜1と、だし汁を入れて混ぜ、内がまに加えて混ぜ、普通に炊く。炊き上がったら1の春菊を加えて混ぜる。食べやすくにぎって好みで焼きのりを巻いてもよい。
（¼量で343kcal、塩分2.2g）

締めにならない
おつまみめし

### SHIMPEI'S POINT

油揚げを刻んで炊き込んだご飯に、ゆでた春菊を混ぜて。おにぎりにしてつまめば、酒がすすむこと、すすむこと〜。

## 栗原家の定番・カリカリお揚げ

そもそも揚げてある厚揚げを、あえてもう一回
フライパンで表面がカリッカリになるまで揚げ焼きにして、
香ばしさをプラスするのがおいしく仕上げるコツ。
ごま油の香りがまたいいんだよね〜。
こぼれるほどのせた肉みそには香味野菜をどっさり使って、
さらに香りをオンすれば、たまらなくおいしい一品になる。

その①
### カリカリ厚揚げの
### にら肉みそのっけ

材料【作りやすい分量】

栃尾揚げ（または厚めの油揚げ）… 1枚
ねぎ … 30g
削り節 … 適宜
すし酢 … 大さじ1
みそ　しょうゆ　酒　砂糖

**1** みそだれを作る
ねぎは斜め薄切りにし、水に10分さらしてしっかりと水けを拭き取る。ボールにすし酢と、みそ大さじ2、しょうゆ、酒各大さじ½、砂糖小さじ½を入れてよく混ぜ、みそだれを作る。

**2** 油揚げを焼く
フライパンに油をひかずに栃尾揚げを入れ、弱めの中火で全面を焼きつける。全面がカリカリになったら取り出し、横に幅2〜3cmに切ってオーブントースターの天板に並べる。表面にみそだれ適宜を塗り、オーブントースターで6〜7分焼く。香ばしい焼き色がついたら器に盛り、ねぎと削り節をのせる。
（¼量で29kcal、塩分1.5g）

お酒はもちろんご飯にも合うみそ味。
みそが焦げやすいから、
トースターで焼く前に、油揚げを
フライパンでカリッと焼くのがコツ。

その②
# お揚げのみそ焼き

材料【2人分】

厚揚げ … 1枚（約200g）
豚ひき肉 … 100g
にらのみじん切り … ½束分（約50g）
にんにくのみじん切り … 1かけ分
しょうがのみじん切り … 1かけ分
赤唐辛子の輪切り … 小さじ½
甘辛みそ
　みそ、しょうゆ … 各小さじ2
　砂糖、酒、みりん … 各小さじ1
万能ねぎの小口切り … 適宜
ごま油

**1** にら肉みそを作る
甘辛みその材料を混ぜる。フライパンにごま油小さじ1を強めの中火で熱し、にんにく、しょうがを炒める。香りが立ったら、ひき肉、赤唐辛子を加えてほぐしながら炒め、ひき肉の色が変わってきたらにらを加える。にらに火が通ったら甘辛みそを加え、なじむまで炒め合わせる。

**2** 厚揚げを揚げ焼きにし、仕上げる
小さめのフライパンにごま油大さじ2を強火で熱する。厚揚げを入れてときどき返しながら、全面がカリッとするまで4分ほど揚げ焼きにする。食べやすい大きさに切って器に盛り、にら肉みそ、万能ねぎをのせる。　（1人分424kcal、塩分1.7g）

## 栗原心平

料理家。会社の経営に携わる一方、幼いころから得意だった料理の腕を生かし、料理家としてテレビや雑誌などを中心に活躍。仕事で訪れる全国各地のおいしい料理やお酒をヒントに、ご飯のおかずやおつまみにもなるレシピを提案しつづけている。「男子ごはん」(テレビ東京系列)レギュラー出演中。公式YouTubeチャンネル「ごちそうさまチャンネル」も好評。『栗原家のごはん』(大和書房)、『栗原心平の とっておき「パパごはん」』(講談社)など、著書多数。

料理
栗原心平

撮影
寺澤太郎

スタイリング
久保田朋子
下條絵美
(P26〜27、P33下、P46下、P66〜67、
　P86、P110〜111)
遠藤文香
(P28〜29、P52〜53、P68、
　P74上、P82〜83)
深川あさり
(P37、P106〜107、P128)

調理アシスタント
高橋まりあ(ゆとりの空間)

アートディレクション・デザイン
遠矢良一(Armchair Travel)

熱量・塩分計算
五戸美香(スタジオナッツ)　本城美智子

編集担当
山田かおり

オレンジページ

のんべえの免罪符
栗原心平流
野菜ひとつの
だけつまみ

2024年3月4日　第1刷発行

発行人／鈴木善行
発行所／株式会社オレンジページ
　　　　〒108-8357
　　　　東京都港区三田1-4-28　三田国際ビル
電話／03-3456-6672(ご意見ダイヤル)
　　　　03-3456-6676(販売 書店専用ダイヤル)
　　　　0120-580799(販売 読者注文ダイヤル)
印刷／TOPPAN株式会社　Printed in Japan
©ORANGE PAGE

定価はカバーに表示してあります。

https://www.orangepage.net

■本書は『オレンジページ』2020年9月2日号〜2024年2月17日号に掲載した記事を再構成し、加筆、改稿したものです。